青春文庫

心がどんどん明るくなる！

お釈迦さまの言葉

宝彩有菜

青春出版社

はじめに

「お釈迦さまの言葉」と聞くと古めかしい話だと思ったり、抹香臭い話だと思ったりします。ところが経典などをよく読むと、現代の精神医学や脳科学よりも、さらに先をいっているのではないかと思えるものもあるのです。お釈迦さまは、時代を超えた大科学者ともいえるのではないかと思います。

この本は、そのお釈迦さまが残した言葉の中から、現代の社会に生きる私たちにたちまち役に立つものを紹介したいと思います。

私たちは、誰もが日々幸せに穏やかに生活したいと思っていますが、なかなかそうもいきません。

自信が持てない、イライラする、いつも不安でしかたがない、気が重い、気後れする、許せない、クヨクヨする、嫉妬、焦り、不愉快、劣等感、恥ずかしい、落胆……これらの暗い感情に、私たちは日々振り回されています。

どのようにすれば、これらの暗い感情に飲み込まれずに生活できるか、あるいは、もし飲み込まれてもすぐに脱出できるかは、幸せな日々を過すためにも、また心身の健康のためにも、とても大切なことです。

そんな心の問題や悩みの解決策を、この本では、お釈迦さまの『ダンマパダ』等の代表的な経典に求め、自分の心を幸せの泉へと導くコントロールの仕方をわかりやすく解説していきます。つまりこの本は、人生を幸せに生きるためのお釈迦さまの言葉の処方箋ともいえます。

お釈迦さまの言葉の意味や意図、どんなときに処方するかなどが理解できればできるほど、自分の心がどんどん明るく、軽くなっていきます。どんどん楽しく幸せになっていきます。そして、「ああ、本当に何と役に立つ教えを残してくれているのだ。何とよく効く言葉なのだ」とありがたく嬉しくなってきます。

この本が、みなさまのより素晴らしい人生に、お役に立てることを願っています。

宝彩有菜

心がどんどん明るくなる！
お釈迦さまの言葉　もくじ

第1章 生きるのがグッと楽になる言葉の処方箋

第Ⅱ章 穏やかな心を取り戻す言葉の処方箋

第Ⅲ章 不安や不満がスーッと消える言葉の処方箋

第Ⅳ章 心がどんどん明るくなる言葉の処方箋

第V章 人間関係の悩みが消える言葉の処方箋

第VI章 人との縁に恵まれる言葉の処方箋

第Ⅶ章 思い通りの自分になれる言葉の処方箋

第VIII章 やる気や自信が湧いてくる言葉の処方箋

第IX章 心が強くなる言葉の処方箋

第X章 本当の幸せが手に入る言葉の処方箋

もっと知りたいお釈迦さま

カバーイラスト
©SHINZO HIRAI/orion/amanaimages
本文デザイン　青木佐和子

第1章

生きるのがグッと楽になる言葉の処方箋

1 悪い感情は悪い思考から生まれ、良い感情は良い思考から生まれる

毎日、なるべく良い気分で過ごしたいものです。しかし、生活していると、悪い気分になったり、暗い気持ちになったりします。どうしたら、それらの悪い感情を早く解消できるだろうかと、普通、それらの悪い感情に対して私たちは対策を試みます。気分転換しようとしたり、感情を隠したり、あるいは、ごまかしたり、おさえつけたり。ところがそのようなやり方では、なかなか根本的な解消が難しいですね。

なぜなら起こってきた感情とは、先行する思考の結果であり、残された感情だけに手をつけて変えようと思っても無理だからです。

たとえば「うらやましい」という悪い感情があったとします。その感情が起こる直前には、あの人と自分を比較する思考が走って、さらに、優劣を受け入れたくない思い等がたくさん高速で走っています。その結果として、「うらやましい」という悪い感情が起こっているわけです。思考のあとに残されるわけです。

お釈迦さまは、感情と思考の関係についてこう語っています。「心の中に浮かぶ物事はすべてアタマの思考作用によって現れる。感情も同様である。どんな感情も思考が先行して作られる。だから、もしも悪い思考を走らせたなら、苦しみはその人につき従う。まるで、牛車の牛の足跡に車輪がついていくように」と。

今様に言うと、ジェット機のあとに飛行機雲がついていくようなものだということでしょうか。では、悪い感情を起こさないようにするためには、何も考えてはいけないのかと思ってしまいますが、お釈迦さまは続けて「また、もしも良い思考を走らせたら、福楽はその人につき従う。まるで、影がその身体から離れないように」と言っています。悪い感情は悪い思考から生まれ、良い感情は良い思考から生まれると言っているのです。

感情はとらえどころがなく、なかなかコントロールが難しいのですが、思考なら、それは自分で考えていることですから、感情に比べてはるかにコントロールが容易です。その思考を自分で上手にコントロールできさえすれば、つまり、良い思考さえすれば、良い感情を導き出せるとお釈迦さまは言っています。幸せになれる道をちゃんと示してくれているのです。

2 頑張って頑張って「辛い」と感じたら、しばらくやめてみる

「もっと頑張らなきゃダメ」とか、「これができなきゃ私はダメだ」とか、自分で自分を脅して毎日生活していては、人生が面白くなくなります。人生を深刻に考えようとするのは、アタマの性癖です。すぐにその方向に傾いてしまいます。しかし実際には、アタマが考えるほど、人生は深刻ではありません。深刻なことは、みんなアタマが考えていることです。

なぜ、そうなるのか？　アタマは目的を見つけるとそれを追いかけます。そして、何とかそれを達成しようとしてあらゆる手を使います。目標を立てたり、その目標を達成するために、また目標を立てたりします。

そして、自分自身を叱咤激励したほうがいいと思うとそうします。そのひとつが、自分に対しての脅しです。脅しは自分自身に拍車をかける有効なやり方のひとつです。でも、後ろからお尻を叩かれているようなものですから、基本的には全然楽しくない

ですね。自分自身を敵のように思って叩いているわけですから、いつも緊張していなければなりません。

お釈迦さまも、**「自己に対してまるで仇敵《かたき》に対するように振る舞うのは、愚人である」**と注意しています。

そして、緊張しながら何かをすると、実は、どんなこともなかなかうまくいかないものなのです。脅しや、義務や、恐れなどからやった仕事は、どれも良い仕事にはなりません。それが、もし、とても辛いのであれば、その理由は本来自分がしたいことではないからかもしれませんね。

良い機会ですから、もう一度、本当に自分はそれがしたいのかどうか、チェックしてみましょう。

うまくいかなくて辛いとか、もうやめたいと思うのであれば、しばらくやめてみるのも良い考えです。本当にやりたいことだったら、必ず再びやりたいと思う気持ちが、心の底から湧いてきますから。

3 一番簡単で楽そうなことをやってみれば、「本当の自分」が発見できる

「本当の自分」を発見するには、どうしたらいいのでしょうか。

楽しいことをしているときが本当の自分のようですが、楽しいことやワクワクできることをいきなり探し出そうと思っても、なかなか難しいものがあります。冷静に考えると、何が本当に楽しいのか、軽々しくは判断できないからです。「これができるようになれば認められる」とか、「こうなれば楽にお金が稼げるはずだ」とかの欲望の入った色眼鏡をしていては、本当の自分を発見できません。

また、自分にそれをする能力や才能がない、その部分に注目して、それを克服すれば幸福になれるはずだ、「私はこれをする人なのだ」とむやみに頑張るのは、それも大別の色眼鏡で、自分を正しく見ていません。コンプレックスを感じる部分は、実は大人になったら自分のやることではないと素直に認めて手放して、その部分でもう頑張らないことです。それはすこぶる不効率ですから、たぶん生涯長く頑張ってやっても、

苦しいだけで成果はそれほど期待できません。

そうではなくて、自分が本当に自分らしくなれる、やりたいことを探しましょう。コツがあります。実は、一番簡単そうな、楽そうなことから実際にやってみることです。

簡単にできることですから、最初はあまり興奮もせずに、それが本当に自分が好きなことかどうかわからないかもしれません。でも楽なことからやってみて、確かめてみてください。楽にできることは、自分が強いところですから、しばらくすると必ず楽しくなってきます。そうすれば、「なんだ、そうか、私は本当はこれをする人だったのだ」とはっきりわかります。

お釈迦さまも、**「思慮ある人は奮い立ちつとめ励み、しっかり自分を見据えて、激流も押し流すことのできない島をつくれ」**と言っています。つまり、世間の評価者の目や、自分自身の内にいる冷たい評価者の目も気にしないことです。それらの評価者から良い評価を得ようとして、自分自身を見失わないことです。

しっかり自分を見据えて自信を持って励めば、盤石《ばんじゃく》の幸せの島をつくることができます。「自分の幸せ」は、自分しか評価する人はいないのですから。

4

「自分嫌い」というのは、自分で自分のある一部分を認めていないだけのこと

「自分嫌い」って、何となくわかるような気もしますが、よく考えてみると嫌われている自分が本当の自分だとすると、自分を嫌っている自分とは、いったい誰でしょう。自分がふたりいるなんて、とても変な話ですね。

つまり自分嫌いとは、自分の欠点を認めていないことから起こっています。本当に欠点なのか、そうではないのか、その判断は脇に置いておいて、とにかく自分のある個性を受け入れていないことだけは確かなようです。

その個性が良い悪いの評価や判断をする前に、そのような個性が自分にまずあるということを、ありのままそのまま受け入れてみましょう。

お釈迦さまも、**「恥じなくてよいことを恥じる人は、邪《よこしま》な見解を抱いて、心が地獄におもむく」**と言っています。そして、お釈迦さまは、常々「恥じるべきだ」とか「恥じるべきでない」とかの基準を持つこと自体が、すなわち執着ですよ、それを持

たないようにチェックしなさいよと言っています。ですから、このセンテンスをわかりやすく言い直してみると、「安易に恥じるべきだとか、恥じるべきでないとか思わないこと。そういう予断や先入観がなにもなければ、心は地獄にはいきませんよ」になります。わかりやすいですね。

では、そのような予断や先入観を取り払ってみましょう。具体的には、予断や偏見なしに、自分を見てみます。ああ、自分はこういう人なんだとか、こういう点に特徴があるんだとか、それを客観的にしっかり見て、そのまま認めてみましょう。すると不思議ですが、分かれていた自分がひとつになり、自分嫌いは嘘のように消えます。とてもどっしりした安心感が満ちてきます。

そして真実は、自分は「ありのままの自分」が一番好きなのです。この見方ができるようになったら、つまり、ありのままを認めることができるようになったら、きっと自分だけでなく、周りの嫌いな人、苦手な人もどんどん少なくなっていきますよ。判断基準を持たずに、そのまま丸ごと認めること、それが大切です。

5 欲望という重荷をおろし、あるがままに生きれば楽になる

人生が辛いと気がついたのは幸運です。それに気がつけば、その辛さを解消する手が打てます。もし、辛いとも思わなければ、ずーっと知らないままで、重い荷物を運び続けることになっていたかもしれません。でも、気がついたらもう大丈夫です。

それらの荷物をいつどこで積み込んだかはわかりませんが、人は成長の途中でどんどん荷物を積んでいきます。たとえば、「頑張らないと生きていけない」と思っている可能性があります。「ひとかどの人にならなくっちゃ」とか「有名人にならなくては」などと思っている可能性もあります。「何でも人に勝とう」としているのかもしれません。そうだとすると、確かに毎日が戦いになります。気が休まる暇もありません。自分の欲望が多過ぎて、あるいは大き過ぎて自分が苦しくなっているわけです。

お釈迦さまも「好ましいものも、好ましくないものも、ともに捨てて、何ものにも執着せず、こだわらず、もろもろの束縛《そくばく》から離脱しなさい。すると正しく人生を歩め

る」と、欲望を持ち過ぎると苦しくなるから、とにかく捨てなさい、そして重荷をおろしなさいと言っています。そうすれば楽に人生を歩めると教えています。

重荷を背負い過ぎている人は、それをおろしましょう。背負わなくていいのです。あるがままでいいのです。人より秀《ひい》でなくてもいいのです。人より勝たなくてもいいのです。「私は私のままで大丈夫」です。昨日と変わらない私にOKを出してみましょう。自分は自分です。その自分を大切にしましょう。

叱咤激励して鞭打って、自分に辛い思いをさせるのはやめましょう。自分を大切にしましょう。

ただし、自分を甘やかすのとは違います。お釈迦さまは自分を大切にするのと、遊戯や娯楽に走るのとは違いますよと釘をさして、次のように言っています。

「世の中の遊戯や娯楽に心ひかれることなく、身の装飾を離れて、わき目を振らず、サイの角《つの》のようにただひとり歩め」

自分に過重な負荷をかけ過ぎない。でも、甘やかさない。欲望を追い求めない。人とあれこれ比べない。「私は私のままで大丈夫」です。それですべてOKです。人生がとても楽になります。

6 欲しいものばかりを追いかけるのをやめると、素晴らしい人生がはじまる

情報化の進んだ現代は、毎日、テレビやネットに幸せになれるという情報が溢れています。欲しくなるものや、旅行したくなるところ、おいしそうな食べ物、健康で長生きする方法まで、次々と流れてきます。まるで、今の自分では「決して幸福ではない」と言われているようなものです。幸せになれるという情報や噂に翻弄されてあっちに走ったり、こっちを追いかけたりします。

お釈迦さまは、そのような人に対して、**「欲望ばかりを追いかけているうちに、気がついたら一生が終わってしまう。花を摘むのに夢中になっている人を、死がさらっていくように」**とドキリとすることを言っています。

確かに、欲しいものを追いかけるばかりの人生では、バタバタしている割に効果がないかもしれません。それで終わりになるなんて、あまりに辛い人生のような気がし

てきます。

といっても、現実に生活していかなければなりませんから、世捨て人にもなれません。では、どうするか？

まず、欲望をことさらかき立てる商売的な扇情的《せんじょう》な情報には流されないことです。何が自分にとって一番大切なことなのか、それを忘れないことです。

そうはいっても、自分にとって大切なものがよくわからない？　それは困りましたね。

一番大切なものは、決して失われることのないもの、朽《く》ちることのないもの、箪笥《たんす》に入れたり、銀行に預けたりするものではなくて、自分の心の中に積めるものだと理解してください。

たとえば、この世に生まれたことへの感謝とか、誰かへの愛だとかです。また、それができるようになるために、自分の心を磨くことだともいえます。その過程もまた楽しいものです。

そして、自分の心が、いつも愛と喜びに溢れるようになってきたら、自分の人生は、さらにさらに素晴らしい人生になっていきます。

7 「自分の心は、どんな欲で動いているのか」を観察する

人は、自分で考えていることを、普通、自分だと思っています。「あの人は嫌いだ」と自分が思っていると、人は思っています。しかし、「あの人は嫌いだ」と思うのは、自分の心が思っているのであって、本当の自分はどうだかわかりません。「私の心は今までの経験や学習などから、あの人に対して危険だ、避けたいという判断をするプログラムを持っていて、そのプログラムに沿って正確に判断すると、あの人は危険で避けたいという結論を出してくる。早急に避けねばならない。どうするか」という動きです。そこで「嫌い」という情動が起きています。心がそのように作業しただけのことだとわかると、その作業のスピードや手際を見て「ああ、何て私の心は、超高速で働くのだ。なかなかとらえにくいなぁ」と思います。このように「心はとらえにくい」とほとほと困っている人は、相当、自分自身を観察する力がある人です。

お釈迦さまも、**「心はとらえがたく、軽々とざわめき、欲するままに走り回る。そ**

の心をおさめることは良いことである。心をおさめたならば安楽をもたらす」と言っています。

観察の腕が上がってくると、心がどのように動いているのか、じっくり見ることができるようになります。それには、「自分の心は、どんな欲で動いているのか」をチェックするのが早道です。飛んでいる玉（思考）を観察するのもいいのですが、どのバット（欲）で弾かれて飛んでいるのかを推察するという感じです。どこで自分の思考のスピードが上がるのか、その打点を観察するわけです。

これができるようになってくると、たとえば「自分の気分を速攻で悪くするこの玉の動きは？　な〜んだ、また、このバットで弾かれているんだ」とわかったりします。それは、自分ではコンプレックスとも思っていなかった「学歴」や「年収」や「田舎」のことであったりします。あるいは、「要求されたら弱い」「捨てられる予感があると反応する」などかもしれません。でも、それが自分で観察してわかってくると、そのバットを振ることも、あまり強く振り回さないことも、はたまた空振りすることも、次第に自由自在にできるようになってきます。すると、お釈迦さまが言うように、心をとらえて安楽に、幸せになれます。

8

心を苦しめる強欲から解放される3つの知恵

お釈迦さまの教えは、心が苦しんでいる人を救う教えです。では、心はなぜ苦しむのか。それは強欲を持っているからで、その強欲をなくせば苦しみはなくなります。強欲には3つあります。「世の中は変わらないでほしい」「人生を楽に生きたい」「みんな私のものにしたい」――その強欲のなくし方を、お釈迦さまが全部伝授してくれています。

お釈迦さまは**「一切の形成されたものは無常であると明らかな知恵をもって見るときに、人は苦しみから遠ざかり離れる。人が清らかになる道である」**と言っています。

そうですね。親には元気でいつまでも生きていてほしいと思います。お金はいつまでもあってほしいと思います。山河もいつまでもあってほしいと思います。しかし現実の世の中は移り変わっていきます。何も変わらないものはありません。諸行無常《しょぎょうむじょう》です。

変わらないものは何もないのだと理解すると、多くの苦しみのもととなっている強欲をなくすことができるのです。

またお釈迦さまは、**「一切の形成されたものは苦しみであると明らかな知恵をもって見るときに、人は苦しみから遠ざかり離れる。人が清らかになる道である」**と言っています。もっと楽に生きたいと思っていると、あらゆることが苦しみになります。そうではなくて、もともと人生は楽ではないと思っていれば、少々の苦しみに嘆くことはないわけです。生きるのも苦しい、恋愛も苦しい、仕事も苦しいものだ。もともと一切皆苦《いっさいかいく》だと思っていれば、「私だけなぜこんなに苦しいの」とも思わないですむということです。

さらにお釈迦さまは、**「一切の事物は我ならざるものであると明らかな知恵をもって見るときに、人は苦しみから遠ざかり離れる。人が清らかになる道である」**と言っています。これは私のものだと思っていると、支配できなかったり、失う懸念で苦しくなります。つまり、何でも自分のものと思っていることが苦しさのもとです。ですから、地球上のありとあらゆるものは、自分の身体も命も含めて「自分のものではない。諸法非我《しょほうひが》だ」と思えば、その苦しさから抜けることができます。

もっと知りたい
お釈迦さま

「ダンマパダ」って、なに?

仏教は、大きく分けて「北方系仏教」と「南方系仏教」があります。北方系仏教各派では、最も重要な経典が『般若心経《はんにゃしんぎょう》』や『法華経《ほけきょう》』など、宗派によってまちまちです。しかし、南方系仏教では『ダンマパダ(法句経《ほっくきょう》)』が最高の経典で、最近では原語であるパーリ語から直接、世界各国語に訳されています。

この『ダンマパダ』は、お釈迦さまの語ったといわれる詩の名詩選ともいわれ、423の詩からなります。ほかの多くの経典が、哲学や教義など「難しいお経」になっている中で、『ダンマパダ』は、まるでお釈迦さまが面前で話しかけているような、とても平易な口語で書かれています。

詩の形をとっていますので、時代を経てもあまり改変されずに伝わってきている可能性が高く、お釈迦さまの生の言葉に一番近いのではないかと思われます。

確かに平易な文章ですが、内容は深遠です。そして、実によく人間を観察し、理解したうえで、どうしたらいいのか、その道を的確に示してあります。

困難に出合ったり、苦境に陥ったりしたときの具体的な抜け方や、克服のための考え方も簡明に、絶妙の比喩を交えながらわかりやすく書かれています。

どのようにしたら幸せで、充実し、愛に溢れた人生の日々を送ることができるかということを、わかりやすく具体的に多面的に示してあります。

この本の中では、この『ダンマパダ』だけでなく、同様に韻文として、お釈迦さまの入滅後の早い段階でまとめられたと思われる『ウダーナヴァルガ』や『スッタニパータ』なども引用参考にしています。

第II章

穏やかな心を取り戻す
言葉の処方箋

9 意識的に「静かに」動けば、心も穏やかになる

いつも、イライラ、バタバタしていては、自分にも周りにも良くないですね。穏やかに、優雅に振る舞いましょう。お釈迦さまも、**「正しい知恵によって解脱して、やすらいに帰した人、そのような人の心は静かである。言葉も静かである。行いも静かである」**と、静かに振る舞うことをすすめています。でも、悟れば結果として優雅に振る舞えるとしても、いきなりそうはいきませんから、それでは困りますね。日常ではどのようにして優雅に振る舞えばいいのでしょう。

実は、お釈迦さまの言葉の中に、そのヒントが隠されています。優雅に振る舞うには、「静かに」動けばいいのです。良い方法があります。具体的にはポイントだけをしっかり意識します。動きはじめと止まるときだけを、意識的にゆっくりにします。ゆるやかに動きはじめて、ゆるやかに止まるわけです。自動車でも急発進、急停車は優雅とはいえません。ゆっくり動きはじめて静かに止まる。途中は普通のスピード

を出してもいいのですが、はじめと終わりをゆっくりにします。行動全般にそうしてみます。立ちはじめ、歩きはじめ、ドアの開けはじめ。そして、手足だけでなく言葉や目や表情の動かしはじめもそうします。終わりもそうします。

すると、怒るときもゆっくりとしかめっ面を作っていくことになります。かなり優雅ですね。そうすれば、それが目的ではありませんが、周りの人たちを驚かせたり、危ないと思わせたりはしません。つまり周りの人にとっても、優しい動作をしていることになります。

心を込めて、そのようにゆっくりした動作をしてみてください。すると身体も楽になりますが、心も豊かに楽になります。なぜなら「考えはじめ」も無意識ではなくなるからです。「考え」が暴走することはありません。だから、この優雅な立ち居振る舞いの真髄をつかんだら、身も心もまるで優雅に踊るように軽やかになります。そして、お釈迦さまの言うように、毎日が健康で楽しくなります。表情も内側から本当に優雅で美しくなります。考え方が優雅になってきているからです。

人に優しいことは、実は、自分の心身にも優しいことです。

10 自分がリラックスすれば、周りの人にもリラックスが広がっていく

落ち着きのないイライラした人が近くにいると、自分も落ち着きません。そこで、その人をリラックスさせようと、あれこれ働きかけてみますが、うまくいかないことがあります。

実は、周りの人をリラックスさせてあげるのに、何かをする必要はありません。自分がリラックスしていることが最大のプレゼントになります。誰かに何かをしてあげようと思わなくてもいいのです。自分がしっかりリラックスしていると、それだけで周りの人も自然にリラックスしてしまいます。

お釈迦さまも、**「御者《ぎょしゃ》が馬をよく馴らし穏やかにするように、おのが感官《かんかん》を静め、高ぶりを捨て、穏やかで汚《け》れ《が》のなくなった人、このような境地にある人を神々でさえもうらやむ」**と言っています。リラックスして穏やかで静かにニコニコしている人は、神々さえもうらやむと、お釈迦さまも推奨しています。そのような人が近くにいると、

思わず自分もゆったりと安心して、一緒にくつろいでしまいますね。ですから、まずは自分が率先して自分をリラックスさせましょう。

それには、何かをしようとか、誰かを変えようとか、あれこれ思わずに、ただそこに、ゆったりいればいいのです。何も考えないことです。ただ、そこにいる。

それが難しいようなら、自分が呼吸をすることを考えてみましょう。腹式呼吸、丹田呼吸、そのようなゆったりした呼吸に意識を持っていきましょう。ゆったり呼吸をしていると、イライラしている人が、まるでテレビ画面の中の人のように見えてきます。ゆったりと鑑賞できます。きっと、そのイライラしている人も、あれ、なんだか雰囲気が変わったな、穏やかになったな、どうしたのかなと気がつくはずです。

誰かがリラックスすると、その気分は広がります。まず、ゆったりと呼吸して自分からリラックスしましょう。リラックスの輪は必ず広がります。

同じように、人を幸福にしてあげようと思わなくていいのです。あなたが充分幸福なら、あなたの周りの人も充分幸福になれます。リラックスも、幸福も、穏やかさも、すべて人間の気分ですから、良い気分が広がれば、みんな良い気分になります。そして良い気分の人のところに、良い気分の人が集まってきます。楽しいですね。

11 人のイライラは人のもの。巻き込まれずに穏やかに楽しく生きる

たとえば、とてもイライラしている人がそばにいるとします。すると、「もう！　何でそんなにイライラするの。イライラしないでちょうだい」と、つい思ったり言ったりします。でもその人が、ほかの人に自分の何かの基準を押しつけようとして、だからイライラしているのだとわかれば、「そのイライラは私には関係ない。私は穏やかに良い気分を保とう」と事態全体を上から眺めることもできます。

愚かなことをして悩んでいる人がそばにいるとします。すると、「もう！　そんなことをしてもダメだってこと、まだわかんないの」などと叱りたくなったりします。でもその人が、自分がもっと得をしようとか、あるいは、さらに幸せになりたいなどと、自分の強欲を自ら暴走させて自ら苦悩を増しているのだとわかったら、「その苦悩は私には関係ない。私は穏やかに良い気分を保とう」と巻き込まれずに、事態を俯瞰できます。

お釈迦さまも「恨《うら》みを抱いている人々の間にあって恨むことなく、我らは大いに楽しく生きよう。その人々の間にあって恨むことなく、我らは暮らしていこう。悩める人々の間にあって悩みなく、大いに楽しく生きよう。その人々の間にあって、悩みなく暮らそう。貪《むさぼ》っている人々の間にあって、患《うれ》いなく大いに楽しく生きよう。その人々の間にあって、貪らないで暮らしていこう」と言っています。

このように巻き込まれずに俯瞰できれば、相手の気分の悪さを解消しようとする自分の心の働きはすぐになくなります。俯瞰するとは、まず自分と相手の境をはっきり見ること、そして相手の心がどのような欲で暴走しているのかを見ることです。

すると、自分は良い気分を保てるだけでなく、心の中に余裕が持てて、「ご苦労なことだなぁ」と感心したり、さらには微笑んでしまうかもしれません。コツは相手を深く観察することですが、親身になるのとは違います。単にクールに観察する。でも、たぶんそれが、長い目で見て、一番相手にとって優しい対応になります。俯瞰して、1ミリも巻き込まれていない覚めた状態ですと、相手が本当に困って助けを求めている場合は、いつでもタイミングをはずさず余裕を持って助けることもできます。

12

人を恨めば自分が傷つく。恨みは「理解する」ことで解消する

お釈迦さまは、『ウダーナバルガ〈Udana-Varga〉（感興の言葉）』という経典の第14章3番で、**「殺す人は殺され、恨む人は恨まれる。罵倒する人は罵倒され、激怒する人は激怒される」**と言っています。悪いことはするなということです。道徳的にも倫理的にもそれが正しいのですが、たとえそうだとしても、しかし悪い気分になってしまったら、その気分はいったいどう解消すればいいのでしょう？　じっと我慢するのでは悪い気分のままですから、元から消したいですね。

お釈迦さまは、その解消方法も親切に説明してくれています。「**恨みを消すには、仕返しをしたり恨みを晴らす方向では消えない。恨まなければ、すぐに消える**」と言っています。

恨みから抜け出すには、恨まなければいい。思考が先行しているので、その思考さえなければ恨みという感情もない。それはそうですが、具体的にはどうすればいいの

でしょう。難しそうですね。実はうまいコツがあります。

恨みを起こしている思考を消せばいいのですから、それには「相手を許す」ことです。でも「許せない」と思っているわけですから、これもそう簡単ではありませんね。

そこで「許す」は諦めて、「理解する」にしてみます。これなら感情抜きで作業を進めることができそうです。

具体的には、相手があんな酷いことをしたそのバックグラウンドを推量してみます。どうしてあの人はあんな酷いことをすることになったのか、その人の生い立ちや立場や状況を全体的に考えてみます。

すると、「なるほど。あんな育て方をされて、あんな状況で、あのように未熟なら、あのようなことをするのも仕方ないのだろうな。もし自分がまったくあの人と同じ人生を辿ってあの立場にいたとすると、きっと、あのように考えることしかできなかったのだろうな」という深い理解が生まれます。

その理解が生まれた瞬間に、恨みは、憐《あわ》れみか同情に変わっています。

とんがっていた目つきもやわらぎ、今までの悪い気分は霧が晴れるように解消しています。心には温かい愛が流れます。

13 うらやましい気持ちを一瞬で解消する、「全とっかえ」のワザ

世の中には運のいい人や、才能に恵まれた人がたくさんいます。華々しい活躍をしたり、お金がたくさん儲かったり、大きな家に住んでいたり。「すごいなぁ。うらやましいなぁ」と思います。すぐに、何となく負けたような不幸な嫌な気分になります。なぜでしょう？　アタマは真面目ですから、なるべく今より幸福になるように努力すべきだと思っているからです。見上げた心がけです。幸せそうな人を見て、「自分も幸せになりたい」と思って、自分も努力や改善をしてみようと一瞬思ったところまでは良かったのです。

でも、すぐに「自分にはできない。自分にはあの人のような力も運も才能もない」と思い、「だから、自分は不幸だ」と悪い気分になってしまったわけです。

お釈迦さまも、**「嫉妬をするとすぐに勝ち負けの勝負になる。勝負を捨てると嫉妬も捨てられる。すると、すぐに穏やかな気分になれる」**と言っています。

この「勝負を捨てて嫉妬を捨てる」の具体策に、「全とっかえ」のワザがあります。これは誰かをうらやましいと思った瞬間に、「では、その人と、肉体も、生活も、人生も、家庭も、過去も、思い出も、中傷も、未来も、何もかも丸ごと全部取り替えてみる？　本当にその人と全人生、入れ替わりたい？」と自分に問いかけてみる方法です。すると、「いや、豪邸だけなら取り替えていいけど、あの人自身に私がなるのは嫌だ」とか、「いや、あの地位は欲しいけど、あの人がやっているあんな練習やハードな仕事は御免だ」とかになります。つまり、うらやましく見えている部分だけを切り取って、そこだけ欲しいと思っている強欲な自分の欲にすぐに気がつけます。

「うらやましい？　じゃあ、その人と人生丸ごと全とっかえしてみる？」と問うと、おそらく全問「いや、やめときます」という返事になります。それはそうです。アタマは自分が一番好きですから、自分以外には絶対になりたくありません。ですから、この「全とっかえ方式」は、どんな「うらやましい」にも速効の強力なパンチになります。

嫉妬という勝負を手放すと、「人は人、自分は自分」ですから、頑張っている人に向かって、笑顔でブラボーと拍手する心の余裕も出てきます。

14

心も身体も健康でいるために、「悪い感情」は一刻も早く解消する

自分が悪意を持っていたり、相手に仕返ししようと邪悪な心を持っていると、気分も悪くなります。悪い気分のままだと、自分の健康にも良くないのは、実感でもわかりますね。だから、健康のためにもなるべく良い気分でいましょう。お釈迦さまも、たぶん怒るのは良くないと言っています……なんて、悠長なことを言っていては大変です。

お釈迦さまは、**「邪悪なことを目指している自分の心は、憎む人が憎む人に対し、恨む人が恨む人に対してするどんなひどいことよりも、もっとひどいことを自分自身にしてしまう」**と言っています。

自分に悪い心があれば、それは、まるで自分自身を敵のように、いやそれ以上にやっつけて壊してしまうよと言っています。それって、超危険ですね。外から敵にやられるのではなく、内側から何者かが鋭いナイフか地雷を持って自分の心身を攻撃して

くるようなものです。実際、怒りが極限に達すると、脳出血などで「憤死《ふんし》」する例も古今東西あります。英雄や社長さんと言われる人の例もたくさんあります。自爆、自滅ですね。

つまり、憎しみ、怒り、妬《ねた》み、恨み、心配、あるいは、イライラ、落胆、失望、後悔など、何でも「不幸」な気分になるような悪い感情を放っておいては、自分の身体が危険だということです。

たぶん医学的にも、その因果関係は証明できるのでしょうね。ストレスが高まると、活性酸素やいろいろな毒素が体内に蓄積されますから、それらが自分の健康を害する働きをするのでしょう。また、膨大な思考に、貴重なエネルギー等が大量に消費されますから、健康を保つための資源も不足してくるのでしょうね。

とにかく、お釈迦さまは、どのような「悪い感情」も放っておくと良くないどころか、超危険だ、一刻も早く消すべきだと強調しています。

「人に怒ってはいけない」は道徳ですから、「そうか、我慢しよう」と思いますが、お釈迦さまの「怒ると良くない」という教えは、「怒ると自分が壊れるからやめておきなさい」という愛のこもった教えなのです。もともと怒らないのが最良です。

15

「怒り」を制することを楽しめれば、誰もが安らぎを得られる

人生には怒って戦わなければならないときもあります。そんなときは、しっかり怒りましょう。でも、自分の内側の敵にやられないように上手に怒りましょう。どうするか。具体的な攻撃や反撃の作戦などは、必要に応じて考えなければなりませんが、誰かに対して「怒り」を感じているなら、まずその「怒り」をとにかく片づけてからにしましょう。何といっても、「怒り」が体内から自分を攻撃してくるのですからね。それは損です。放っておくと自滅ですから。

たとえば、「よーし、今度という今度は絶対に負けないぞ。徹底的に怒鳴り返してやる。今度こそは許さない」と思ったとします。そのままですと活性酸素が増えて血圧も上がりまずいのです。そこで、「よーし、今度という今度は絶対に負けないぞ。徹底的に怒鳴って絶対に許さない…と、私は思っている」のように、「…と、私は思っている」というのを、最後につけ加えます。センテンスのあとにすぐにつけます。

するとアタマは、「えっ、そうね。私は今そう思っているんだ」と覚めます。自分の考えを客観視できます。「ほう、私はすごいことを思っているなぁ」と冷静になれます。単に、「…と、私は思っている」というのを、次々につけるだけです。

もし、その先の「戦い」をアタマの中でリハーサルする場合は、思いきり自分自身を格好良い「スター」に仕立ててください。「ここで、相手がこうきたら、格好良くこう言い返す」とか、「こうきたら、こう切り返す」とか。そして、忘れずに都度「…と、私は思っている」をつけます。すると、リハーサルもできますし、自分の内側の敵からもやられません。

しばらくリハーサルしていたら、怒るのがバカバカしく思えてくると思います。笑い出すかもしれません。そのときは、もうすっかり怒りも消えているでしょう。

お釈迦さまも、**「心を制するのは楽しい。汝らは心を守れ。怠《おこた》るな。心がよく守られているならば、誰でも悟りの安らぎに到達できる」**と言っています。怒っているときは最も心が動いているときです。それを上手に制するコツを覚えたら、誰でも最高の安らぎまで達することができるというわけです。

16

「カリカリしていることは小さなこと」だから、放っておく

すぐにカリカリする人がいますし、自分もそうなるときがあります。でも、気分が悪いですからカリカリしたくありませんね。カリカリはどんなときに起こるのでしょうか。実際、大きな問題にはアタマはあまりカリカリしません。

台風で自宅の屋根が吹き飛んだとします。「ああ、ひどい目にあったが、みんな無事で良かった」と思います。あまりカリカリしません。無事であったことに感謝すらします。あるいは、会社が業績不振でついに解散になったとします。残念ですが仕方ないと諦めます。つまり、自分の力ではどうにもできないことについては、あまりカリカリしません。

逆に言えば、カリカリしていることは、努力すれば、頑張れば、あるいはここで怒鳴れば、「何とか改善できるかもしれない」と思っている、どちらかというと小さいことです。自分の力の及ぶ範囲であるということで「自分のエネルギーを高ぶらせて

改善に向けて行使しよう」としているわけです。その状態が「カリカリ」です。ここまで理解できたら、今度はどうやって、その「カリカリ」をやめるかです。うまい方法は、「カリカリしていることは小さなこと」だから、放っておこうと思うことです。つまり、事態を改善しようとするのをやめる方向に行きます。

ただし、改善するのをやめるのは諦めるのとは違います。「諦める」は、「改善したいが我慢する」ということですから、「改善したい欲」が消えているわけではありません。おさえられた「カリカリ」は、「くそっ、覚えてろよ」と恨みや妬みになる可能性があります。

お釈迦さまも、**「走る車を馬をおさえて止めるように、むらむらと起る怒りを欲をおさえて止める人、彼を我は御者と呼ぶ。他の人はただ手綱《たづな》を手にしているだけで欲を御《ぎょ》していない。だから御者と呼ぶにはふさわしくない」**と言っています。暴走しようとしている車を止めようとしたら、車ではなく、まず馬を止めなさい。どのみちカリカリしている対象は小さいことなのですから、すぐに止められます。

すると、人生が豊かに楽しくなってきますよ。何を見ても、誰を見ても、心から楽しく笑えてきますよと言っています。さあ、私たちも賢い御者になりましょう。

もっと知りたい
お釈迦さま

「四苦八苦」って、なに？

お釈迦さまの基本的な考え方は、「苦しみ」は必ずそれに先行する「欲」があるから起こるということです。その苦しみに「四苦八苦」があるということは、それに先行する欲もそれぞれあるということです。

四苦とは、肉体的な苦しみで「生、老、病、死」のことです。「老、病、死」は苦しいとわかりますが、「生」が苦しいとは、現代人は普通思いません。しかし、健康であっても「飢えの苦しみ」「乾きの苦しみ」「暑さ、寒さの苦しみ」はあります。昔はそれもとても大きな苦しみだったのでしょう。それで「生」も「苦」のひとつに入っています。この肉体的な四苦に、精神的な四苦、「愛《あい》別離苦《べつりく》」「怨憎会苦《おんぞうえく》」「求不得苦《ぐふとくく》」「五蘊盛苦《ごうんじょうく》」を加えて、全体を「四苦八苦」といいます。

「愛別離苦」とは愛する人と別れる苦しさ、「怨憎会苦」とは憎らしい人に出会う苦しさ、「求不得苦」とは欲しいものが手に入らない苦しさ、「五蘊盛苦」とはアタマがデータで満杯になって不調になっている苦しさです。つまり、肉体的な四苦と、精神的な四苦があるというわけです。

このうち、肉体的な四苦は、その欲を満たせば苦しみは消えます。しかし精神的な四苦は、その欲を満たしても不満は消えません。ただし、欲を元からなくすと不満も起こりません。消えます。

もし、四苦八苦が起こっているなら、肉体的な欲はその欲を満たす方向で、精神的な欲はその欲をなくす方向で賢く対応しましょう。

第Ⅲ章

不安や不満がスーッと消える言葉の処方箋

17

考えてもわからないことは、あれこれ考えない

はしゃいだあと、ひどくふさぎ込んでしまうことがありますが、どうすればいいのでしょう。実は、はしゃぐというのは、とても楽しくて少し理性のおさえが利かなくなっている状態で、あとで「あんなにはしゃいでしまって、もしかしたら軽く思われたかもしれない」とか「下品に思われたかもしれない」と、思いがちです。楽しかったことより自分がどう思われたかに意識が行き、ふさぎ込むことになります。

でも、みんなから嫌われて、次回から誘ってもらえないかもしれないと心配しているのは、「自分」だけかもしれません。実際は、「あの人がいるから、とても楽しい。また誘おう」となっているかもしれません。人の評価や判断、あるいは好き嫌いは、いくら考えても、確かなことは誰にもわかりません。また、評価を得ようと思ったり、好かれようと思うととても疲れます。ですから、単に楽しかったことに感謝して、できれば、「楽しかったです。どうもありがとう」とそれを伝えて、あとはゆっくり休

みましょう。はしゃぐほど楽しかったら、身体もたぶん疲れているはずです。

「人に良く思われたい」という思いは、「人を不快にさせたくない」というエチケットレベルから、「私を認めてほしい」「私を好きになってほしい」という欲望まですぐに広がります。

お釈迦さまも、**「あれこれ考えて心が乱れ欲望がうずくのに、その欲望を追うのが正しいと思っている人は、欲望がますます増大する。そのような人は、実に自分で自分をしばっているようなものである」**と言っています。

そうではなくて、**「あれこれの考えを静めるのを楽しみ、そのような欲望が起こってくることを常に見逃さないでいる人は、ついに悪魔のような苦しい束縛《そくばく》から自由になれる」**と言っています。苦しさや惨めさは結局自分が、自分の欲を増大させることによって作り出しているわけです。ですから、そうなってきている思考の動きを見逃さないで、鋭敏にそれに気づいて、それをやめればいいということになります。

つまり、できることをして、できないことはしない。考えてもわからないことを、あれこれ考えない。それが人生を楽しく過ごす極意です。

18

心配事には3種類しかない。そのことを知れば、ひとり前に進める

人間生きていると心配の種は尽きません。お金があればそれを失うことを心配し、健康であればそれを失うことを心配します。何か心配の種を見つけてきて、すぐに「どうしよう、どうしよう」と心配を膨らませます。ある程度考えたら、途中でやめることができれば問題ないのですが、何か良い方法はないのでしょうか。

お釈迦さまは、**「実にさまざまな甘美な欲望があり、それらはすべて心配につながる。この患いがあることを見て、ひとりサイの角《つの》のように歩め」**と言っています。

さまざまな欲望からそれぞれ心配が生じると言っていますが、では、いったい何種類くらいあるのでしょうか。108あるとも言われます。しかし実は、どんなに複雑そうな心配事でも、分類していくと、結局は次の3つに集約されるのです。

「健康の心配」「経済の心配」「愛情の心配」です。この3種類しかなく、ほかはありません。3種類しかないのだと思うと、どのような心配も、これは誰にでもある心配

で、あまり深刻ではない気になります。また「どの種類だろう」と考えるだけで、もう心配が膨らんでいきません。これは、心配事を止める良い方法になります。

たとえば、何か心配事がはじまったら、すぐにそれは「健康の心配？」「経済の心配？」「愛情の心配？」とアタマに聞いてみるわけです。するとアタマは、「えっ、これは何の心配だろう？」と考えます。「どうしよう、どうしよう」の心配作業から、「ええと、これは何だろう」の分類作業に変わるわけです。そして、「これはどちらかというと、健康の心配だな」とか「これは経済の心配だ」と分類します。実際にこの分類作業をしてみると、何だかそれ以上考えるのが面倒になります。「どのみち健康の心配か」とか、「ああ、これもいつもの経済の心配か。ホント、私のアタマはこれが好きだなぁ」という感じです。この心配を手放す感覚はとても軽やかで面白いです。アタマの深刻度を減少させるような感じになります。

実はこの方法は、お釈迦さまの考案かもしれません。「自分の苦しみから抜けるには、とりあえず四苦八苦に分類してごらん。その8種類しかないのだから」という教えです。お釈迦さまは「知識」だけを話すことはなかったでしょうから、「四苦八苦」も、もとは心配から抜けて「幸せになる教え」だったのでしょう。

19

不満を解消する最善の方法は、愛や感謝で心を満たすこと

人は、普通は欲を満足させる方向に人生を進めていきます。それはそれで立派なことです。お金を儲けたい欲を進めて、その活動を通して世の役に立っていることをたくさんしています。また、誰かに認められたい欲を押し進めて研究や発明や芸が磨かれることも多いわけです。欲を満足させるのは、決して悪いことではありません。

しかし、欲があれば不満が起こります。不満があれば、誰だって気分は良くありません。では、その解消はどうするか。

たとえば、お金がない。不満だ。どうやったら、お金が手に入るのか。お金が手に入れば不満は消えますから、気分は良くなるはずです。そう考えます。

尊敬されていない。不満だ。どうやったら、尊敬されるのか。尊敬されれば、不満は消えますから、気分は良くなるはずです。そう考えます。

愛されていない。不満だ。どうやったら、愛されるのか。愛されれば、不満は消え

ますから、気分は良くなるはずです。そう考えます。

しかし、百万円貯まれば、もう少し多く欲しくなりますね。百万では不満になる。1千万円貯まってもその満足は一瞬で、すぐに2千万円欲しくなる。1億円貯まると、2億円。このように、満足しても一瞬ですぐに不満になります。金銭欲だけでなく、尊敬されたい欲も、支配欲も、愛してほしい欲もキリがありませんね。

弟子がお釈迦さまに聞いたのでしょう。その答えが、**「もしも人が、『不満の思い』の元を根絶やしにしたならば、彼は昼も夜も心の安らぎを得る」**です。お釈迦さまは、その元を根絶やしにしなければならないと言っています。逆に言えば、不満を起こしている元の欲を消さないかぎり、不満が消えることはないと言っているわけです。欲を満足させるのではなくて、欲をもともとなしにする。欲を根絶やしにすると昼も夜も心の安らぎを得ることができますよ。つまり、幸せになれますよという教えです。

その具体的な方法は、対人関係だったら、愛する気持ちを膨らませてみましょう。健康や経済問題だったら、感謝を膨らませてみましょう。そうすれば、するだけ、欲が起動しなくなってきます。目いっぱい心に愛や感謝が満ちると、欲は完全に消えます。そして、昼も夜も安らいだ幸福な気分でいられます。

20 自分の役を、自分自身と勘違いするのをやめれば、疲れない

人は自分自身の持っているイメージを気づかずに演じている場合があります。自分は我慢強いサラリーマンだとか、かわいい女の子だとか、優等生だとか、優しい恋人だとか。それでひとりになると、どっと疲れて溜息をついたりします。自分でない自分を自分だと思ってやっているからです。とても微妙なので少し説明します。

たとえば、劇の舞台で悪役をやって大声を出すと、気持ちが良かったりします。悲劇のヒロインでさめざめと泣いても結構気持ち良いです。勝利する王様の演技ももちろん気分が良いです。役だと思ってやっていると、どんな役でも結構楽しめます。今は役をやっていると自分が知っていれば、疲れることはなく単に面白いだけです。

さて、これを人生という舞台に当てはめると、もし毎日いろいろな役割をやっている自分がいるのだと知っていれば、疲れることはありません。

お釈迦さまも、**「人々は自我観念を頼り、他人という観念にとらわれている。この**

ことわりを或る人々は知らない。実に彼らはそれを身に刺さった苦しみの元の矢であるとはみなしていない」「ところがこれこそが人々が執着しこだわっている苦しみの元の矢であると明らかに見た人は『我がなす』という観念に害されることはない」と、ちょっと言い方が難しいですが同じことを言っています。自分でないものを自分だと混同するな、です。

自分でない役割の自分（他人）を、本当の自分だと思ってはいけません。すると、「苦しみの矢が刺さったままになるよ。間違いだよ」と言っています。もし、毎日何となく疲れるなと思ったら、いったい自分は何の役割を自分自身だと間違って思っているんだろうとチェックしてみてください。

すると、「ああ、今自分は優等生の役か。単に役だな」「今はきちんとした大人の役なのだ」「今は子育てママの役だ」などとわかります。自分自身でなく単に役割だと気づくと、もう苦しい矢は抜けています。劇のようにその役をこなせるようになります。また、その役を熱心にやることにより、成長することや楽しめることも、たぶんたくさんあります。でもくれぐれも、それらのイメージや役回りを自分自身と思わないことです。やがて、自分の人生がドラマのように楽しくなってきます。

21

暗く悲しい話題を避けて、なるべく明るく楽しい話題に触れる

情報社会の現代は大量のニュースが運ばれてきます。新聞やテレビやネットで、不幸なことや、悲惨なことがことさら大きく取り扱われています。毎日、世界各地で大変なことが起きて、世の中はどんどん悪くなっているような気さえしてきます。

いったい、どうなっているのでしょう。新聞やテレビは、普通の人が一生に一度も合わないような悲惨なことを毎日探し出して、大きく報道しています。それを見たり聞いたりしたアタマは、遠くのことでも、自分に関係ないことでも、まるで自分のことのように心配します。そして暗い気持ちになったり、ひどい場合は気分が悪くなったりします。

深刻にならなくてもいいことは、深刻にならないように注意しましょう。でも一番簡単なのは、意識的に暗く悲しい話題を避けて生活することです。なるべく明るく楽しい話題にアタマが触れるように気を配りましょう。現代社会では、たぶんそれでち

ようどいいくらいです。

お釈迦さまの時代には、そのような情報社会の悪いニュースに偏重した弊害はなかったかもしれません。しかし、悪い情報や心配事に、アタマが思わず没頭する仕組みは今と同じです。ですから、そうならないように、お釈迦さまも注意しています。

「この世の禍福《かふく》いずれにも執著せず、憂《うれ》いをなくし、汚《けが》れをなくし、清らかに、そのように注意深く生活している人が、人生の達人になれる。幸せになれる」

「蓮葉《はちすば》の上の露《つゆ》のように、錐《きり》の尖《さき》の芥子《けし》のように、もろもろの欲情に汚されない、そのように注意深く生活している人が、人生の達人になれる。幸せになれる」

悪いニュースを追わないのは、心を清らかに保つためにもちろん大切なことですが、お釈迦さまは、良いニュースを羨望の眼差しで「うらやましいなぁ」などと思って追うのも同様に、心が汚れるので良くないことだと言っています。

どんな欲情も、あるいは、その欲情がとらえたどんなニュースも、まるで蓮《はす》の葉の上の露がコロコロと転げ落ちるように、きれいに跡形もなく落としてしまいなさいと言っています。いらないものは心に載せないことです。すると幸せになれます。

22

人の感情や意見に振り回されず、自分の道を堂々と進もう

人間はどうしても周りの人の気分に影響されます。また、悩んでいる人や困っている人を、できれば助けたいものだと自然に思います。一緒に勉強している友達が遅れていると助けてあげたいと思いますし、お釈迦さまの道場でも修行の遅れている人に手を差し伸べる人もいたのでしょう。

しかし、そのような「親切」をし過ぎると、自分の勉強や仕事や修行が進まなくなることがあります。「私は今スランプで勉強できないから、気晴らしに一緒に遊びに行こう」などと誘われて、「そうか、君が困っているなら」と安易に付き合っていては問題です。

また、人の重荷や不安を自分が背負いこんではいけません。つい人助けをしようと心が動きますが、もしかすると、自分ならその人を助けられると傲慢にも思っているのかもしれません。人の荷物は人の荷物です。その荷物は、自分でおろす技を習得す

るために、その人がわざわざ背負っているのかもしれません。すると、手助けしない一見冷たい態度のほうが、その人の長いこれからの人生を考えると、実は深い愛になっている場合もあるのです。その人にとっては、いつかどこかで、その荷物を自分でおろす学習をしなければならないことだからです。みすみすその成長のチャンスを奪ってはいけません。

お釈迦さまも、**「朋友《ほうゆう》、親友に憐《あわ》れみをかけ、心がほだされるのは自他ともに良くない。親しみにはこの恐れのあることをよく理解して、放っておきなさい。そして、ひとりサイの角のように歩みなさい」**と言っています。

この「サイの角」の言い回しは、『スッタニパータ』という経典に都合40回も出てきます。サイが角を突き出して進むように力強く、猛獣さえも寄せつけず、自分の意志で、誰からも邪魔されることなく、わき目を振らず堂々と進めと言ったものです。

人間は誰でも、とかく他人の感情や他人の意見に振り回されやすいですが、たぶんそれは、お釈迦さまに言わせれば振り回され過ぎなのでしょう。そんなときは、お釈迦さまの「サイの角」を思い出して堂々とひとりで歩みましょう。大丈夫です。勇気を持っていきましょう。お釈迦さまがついてくれています。

23

心をリラックスさせるためには、まずは身体をいたわり、リラックスさせること

心をリラックスさせるためには、いろいろな方法があります。良い音楽を聴いたり、森の中を歩いたり、瞑想したり。それらを試してもいいのですが、身体が緊張していると、あまり効果はありません。身体の緊張の影響のほうが大きいからです。たとえば良い音楽を聴くと心が安らぐといっても、排尿を我慢して聴いていたのでは効果はありませんね。寒くて震えているような状況でもだめです。身体が緊張しているときは、いくら心をリラックスさせようとしても難しいです。

まずは、身体をリラックスさせましょう。お釈迦さまは、人間の苦しみを肉体的な苦しみの四苦と精神的な苦しみの四苦に分類して、「四苦八苦」と言っています。肉体的な苦しさや緊張、苦痛をまず先に片づけましょう。つまり、生理的な欲求や熱い寒いといった問題から解決しましょう。

精神的なことばかりを話していると思っていたお釈迦さまも、実は、ちゃんと肉体

に気をつけなさい、自分の身体をまずはいたわりなさいと諭《さと》しています。**「常に身体のことを思い、すべきことをして、すべきでないことはしない。このように常に心がけている人にはもろもろの汚れがなくなる」**。そうですね。自分の身体は自分が一番よく知っているのですから、自分で大切にしましょう。

さて、身体のリラックスという点から言えば、案外忘れやすいのですが、身体を締めつけている物を緩めてみましょう。ベルトやゴムひも類は特に注意しましょう。それらが身体を締めつけていると、どうしても自然に緊張してしまいます。ずっとだと感覚が鈍くなった分、緊張を強いられていることさえ忘れてしまいます。

日常でも何となく緊張する場合は、何か連続して身体を締めつけているものがありはしないか、それをチェックしてみてください。逆に、しっかり決めたいと思うときは、身体を締めつけるものを着けると決まりやすいです。お祭りのときに、気合いを入れるためにねじりハチマキで頭をきりりと締めつけるなどもそうですね。

同じ原理ですから、締めつけるものをつけたりはずしたりしながら上手に緊張したりリラックスしたりしてみてください。案外簡単に、緊張をコントロールできるようになってくると思います。

もっと知りたい
お釈迦さま

「五蘊」って、なに？

お釈迦さまは、アタマの中で思考が進んでいく様子をとても詳しく分析し、その仕組みを的確に洞察しています。今の心理学や脳科学より、もっと別の意味で深い理解だと思います。

ただし、昔は医学等が発達していませんでしたから、思考とは脳細胞が「神経電流」といわれる生理的情報を伝達しながら行われているものだとはわからなかったのでしょう。しかし、思考はプロセスであり、アタマの中で「シューニアン（実体はあるがつかめないもの）」が動いてなされているのだと的確に認識していました。つまり思考とは、今で言ういわゆる「神経電流」だと看破していたわけです。

色が見えるのも、匂いがわかるのも、アタマの中で神経電流が流れているからですし、また計算や判断、行動決定や一時記憶なども、同じく神経電流の働きであると見抜いていました。

その神経電流の流れの順番は５段階あるとして、まず外部の情報（色、声、香、味、触、法）が変換されたら、それが「取得域」「受信域」「思考域」「判断域」「伝達域」と次々に伝わって処理されると説明しています。これを簡単に「色・受・想・行・識」域の五蘊《ごうん》といいます。

実はアタマは、その奥に、さらに「プログラム域」「解釈域」「記憶域」と３層がありますので、結果、五蘊三層になっています。

お釈迦さまの教えとは、ひと言で言えば「すべての思考、苦悩や不幸感等は、神経電流がそのように流れるからで、それをなくしさえすれば、苦悩や不幸感はなくなる」というものです。ですから、お釈迦さまの言葉は、その五蘊三層をクリアにしていく説明や実践のヒントということになります。

第IV章

心がどんどん明るくなる
言葉の処方箋

24 過去を後悔するのも、素晴らしい過去だったと思うのも自分次第

後悔というのは、「あんなことをしなければよかった。何であんなことをしてしまったのだろう。ああ、あんなことをしなければ…」とウツウツと同じこと考え続けることです。アタマの同じ部分を使い続けていますから、苦しく不調になってきます。何とか早く抜け出したいものです。

実は、自分の過去は、今の自分の気分によって変化します。今が最高に素敵ならば、辛い過去でも「大変だったけど大いに意味があったのだなぁ」とか、「とても良い過去だった」と感謝できます。でも今が不幸だと、「私の過去なんて最低だ」と恨《うら》みや後悔を持ち続けることになります。このように同じ過去でも、今現在の心境でまったく異なったものになります。つまり、確定した評価はどこにもないということです。

それならこうしてみましょう。とにかく「素晴らしい過去だった」と先に解釈を変えてしまいます。どうしても素晴らしい過去だと思えないなら、「素晴らしい過去だ

った」と声に出して何度か言ってみてください。自分でする解釈ですから、自分でそう言えば必ずそう思えてきます。そう思えると過去を手放して未来に向かえます。

お釈迦さまも、**「叶わぬ想念を焼き尽くして、余すところなく心の内がよく整えられた人は、過去の後悔も、未来の心配も共に捨て去る。ヘビが脱皮して古い皮を捨て去るようなものである」**と言っています。

実は後悔とは、「過去さえ良くなれば、今の不幸がなくなるはずだ」と考えているわけですから、横着でもあり強欲でもあります。それは決して実現しません。一見簡単そうですが、不合理な理不尽なやり方を思いついてしまったわけです。その思いがある限り、不幸はずっと続くことになります。元に戻って、「今が不幸だ。どうしよう」をやめれば、自分で自分を苦しめる方向に進むことはなくなるわけです。

過去は振り返らない。もし振り返りたくなるようだったら、「素晴らしい過去だった」と思うのも「最低の過去だった」と思うのも自分次第ですから、合理的なほうを選びましょう。「素晴らしい過去」を選べば、そこには、もう何も作業する余地は残っていないのですから、すぐに前を向けます。明るくなれます。すぐに、本当に幸福であると実感できます。

25 いらないものをどんどん捨てると、元気が出てくる

どうしたら元気が出るでしょうか。元気がなくなる大方の原因は、アタマの中に心配や後悔など、いろいろなものがいっぱい詰まっているからです。アタマの中に入らないものをため込んでいると、身体が動かなくなって元気がなくなってくるのです。でも、アタマの掃除はいきなりは難しいですから、とりあえず手足を動かせばできる部屋の掃除からはじめましょう。

具体的なモノを捨てることによって、アタマの中の不要なものを捨てる準備ができて、やがて少しずつ捨てることができます。そして、これは不思議な心理ですが、アタマの中が空いてくると、人間は子どものときのように元気になれるのです。いらないものを見つけてどんどん捨てましょう。捨てれば捨てるだけ確実に元気になります。

お釈迦さまも、**「前を捨てよ。後を捨てよ。中間を捨てよ。過去、未来、現在のあらゆる事柄について心が解脱すると、もはやどんな苦しみも受けることがないであろ**

う」と言っています。アタマの中のものをどんどん捨ててクリアにしていくと、ついには悟りの境地に達するとまで言っています。あのときああすればよかったという後悔は、過去の執着ですね。先行き不安でたまらないというのは、未来の心配ですね。もっと仕事が楽にできないかなどは、現在の欲ですね。そのようないろいろな「思考」をクリアにすると、アタマの中の風通しが良くなって、どんな苦しみもなくなる、ついには悟れると言っています。

そこまで至らないにしても、アタマの中をきれいにすればするだけ、着実に元気にハッピーになれます。その手はじめとして、部屋の掃除からはじめるのはとても意味があることです。

モノを片づけて、いらないモノを捨てて、窓を開けて掃除機をかけて、雑巾がけをして、そうですね、花瓶に花でも飾りましょうか。カーテンを揺らして爽やかな風が通っていきます。考えるだけで、爽やかに元気になってきますね。

すんだことをクヨクヨ振り返るのは大変な時間の無駄です。来てない未来をあれこれ心配するのは、これもとても時間の無駄です。さぁ、手足を動かして掃除からはじめましょう。それはとても有効な時間です。元気が戻ってきます。

26

落ち込んでいる自分に気づいたら、未来へ前進するチャンス

知らないうちに元気がなくなって落ち込んでしまう場合があります。それはなぜでしょう。アタマは、少々激しく使ってもなかなか疲れないようにできていますが、それでも同じことばかり考えていると、やがて調子が悪くなってしまいます。特に結論が出ない堂々めぐりなどはそうなります。それはまるで、歯車につながっていないモーターをフル回転させているようなものです。電力は消耗しますが、仕事は進みません。それはまるで、ハツカネズミが無限軌道を懸命に走っているようなものです。体力は消耗しますが、少しも前進しません。

自分が元気をなくして落ち込んでいることに気がついたときは、そこから抜け出るチャンスです。自分の考えが空回りしていないか、その点をよくチェックしてみてください。いったい私は何を繰り返し繰り返し、何度も何度も考えているのか。

もし、わかりにくかったら、自分で考えていることのポイントだけを鉛筆で紙に書

き出してみましょう。そして、それを矢印で次々につないでいくと、自分の思考が堂々めぐりになっていることがわかります。客観視できます。

堂々めぐりになっていることがわかれば、そこから抜け出せます。それに気づけばもう無意識でその堂々めぐりを繰り返すことがなくなるからです。

抜け出すコツをもう少し言うと、執着を起こしている釣り針のような接続詞を四角で囲って、その逆接の接続詞を順接のものに変更してみるのも良い方法です。すると流れが変わります。たとえば、「でも」を「だから」に、「とはいっても」を「それで」に、「しかし」を「なので」等々。めでたく堂々めぐりから抜けると、何であんなものに執着していたのかと笑えてしまいます。目の前の人生が光り輝いてきます。

「これは執著である。楽しみは少なく、快い味わいも少なく、苦しみばかりが多い。これはまるで魚を釣る釣り針であると知って、賢者は、サイの角《つの》のようにただひとり歩め」と、お釈迦さまも言っています。

釣り針に引っかからずに、堂々と前進せよと言っています。執着の釣り針がとれると、どんどん元気になってきます。世の中が楽しくなってきます。

27 まず一歩踏み出してしまえば、無意味な心配事から逃れられる

新しい道に踏み出すことを思いつくのは、いつも「ハート」です。その思いつきを実行するのは、比較や計算が得意な「アタマ」です。アタマは目的が決まれば、それを実行するのに、より安全で、より楽な、より合理的な方法を考えはじめます。

ところが、アタマに考えさせ過ぎると、障害や問題をいろいろ想定していきます。想定したものが「危険」なもの「心配」なもの「恐ろしいもの」なら、アタマは必死でその回避策を検討するために働きます。A案、B案、C案と働き過ぎるくらい働いてくれます。とてもありがたいことですが、不安なイメージばかり膨らんで、目の前が心配の山になり、肝心の新しい道にはなかなか踏み出せなくなります。

それでは、新しい道に進んでいけません。では、どうするか？　アタマが、心配を膨らませないようにしなければなりません。お釈迦さまも「心を沈めるな。また、やたらに多くのことを心配するな。淡々とこだわらず清らかな行いを究極の理想とせ

よ」と、アタマにやたら多くのことを心配させるなと言っています。

アタマに心配させないためには、こうします。アタマは考えるのが仕事ですから、手当たり次第に問題を考えているようですが、実は優先順位があります。現実に問題があれば、すぐにそれを考えますが、現実に問題がなければ、将来に問題になりそうなことを想定して考えます。

ですから、もし「将来」の想定問題ばかり考えて踏み出せないなら、アタマに「現実」の問題を与えてそれを考えさせればいいわけです。

具体的には、たとえ準備不足でも、新しい道にとりあえず踏み出せばいいのです。すると、人生が動き出します。想定した問題も起こるかもしれませんが、大方は想像もしなかった現実の問題が次々に面前に起きてきます。アタマは「想定してなかった。これは大変だ」と、その面前の問題解決に没頭します。もうのんびり心配事を考える暇はなくなるわけです。つまり、踏み出せば心配の山は置いていけるのです。アタマは優秀です。その優秀なアタマに、目の前の具体的な行動の陣頭指揮をさせましょう。心配を膨らませていたのと違って、すぐにアタマは優秀な指揮官としてイキイキ働きはじめます。人生が途端に楽しくなりますよ。

28

少しずつでもプラス思考を重ねていけば、必ずポジティブになる

アタマは、自分の肉体と自分が、より幸福でより安全でより快適な人生を送れるように日々考えています。何か問題はないか？　何か懸念はないか？　何か心配の種はないか？と、常に周りに気を配ってぬかりなく働いています。良いこと、楽しいこと、嬉しいことなどポジティブなことは、「それは問題ではない」と判定して考え続けません。いったん手にして嬉しいとか幸せだと思ったとしても、次の瞬間は「これは考えるべき深刻な問題ではない」と早々に手放します。その結果、ネガティブな問題ばかり拾い集めて、検討を続けているわけです。その働きぶりは感謝こそすれ非難されるものではありませんが、しかし、アタマにこのような偏向した取り扱いをさせていると、常にネガティブな方向に行き過ぎになります。心配のし過ぎ、考え過ぎになります。些細な問題が、大問題に思えてきます。妄想をたくましくしてしまいます。

お釈迦さまが、**「妄執《もうしゅう》から憂《うれ》いが生じ、妄執から恐れが生じる。妄執を離れたなら**

ば憂いも存《そん》しないし、どうして恐れることがあろうか」と言っています。

では、憂いも恐れもなくすには、どうすればいいのでしょう。無意識でいるとアタマは自分勝手に突っ走って妄執を膨らませるのですから、意識してその作業をやめさせればいいのです。たとえば、アタマが「これこれが問題だ」とネガティブなことをひとつ思ったら、それ以外の「でも、お肌の調子、これは問題ではない」「あと、今日のお天気、これも問題ではない」などと、何でもいいですから、「問題でないこと」を10個計上する作業をすぐあとに追いかけてやってみましょう。つまりポジティブなことを拾い上げます。ひとつマイナス思考をしたら、プラス思考を必ず10個あとに続けてみます。すると、**「水滴が1滴ずつでも滴《したた》り落ちれば、やがて水瓶でも満たされるように」**、必ず意識が明るくポジティブに変わってきます。そして、たぶん、この作業を真剣にやると、アタマがネガティブなことを思っても、「あっ、またポジティブなことを10個計上しなければならない。それは面倒だ。だからネガティブなことはそもそも考えないようにしよう」と、アタマが思うようになります。偏向しないで公平に状況を見られるようになります。実際の世の中は、アタマが思っているよりも、もっともっと明るくて楽しいものだと実感できると思います。

29 何も手に入れなくても、大いに楽しく生きていくことができる

人には、さまざまな欲望があります。「車が欲しい」「子どもが欲しい」「家が欲しい」「宇宙飛行士になりたい」「サッカー選手になりたい」「一流大学に行きたい」「大会社に就職したい」「ミュージシャンになりたい」「結婚したい」「名誉が欲しい」「地位が欲しい」「健康が欲しい」などなど。

そして、それに向けて努力することも良いことです。自分の成長にもなりますし、社会の発展にもつながります。ところが、どんな欲望も持つことは簡単ですが、実現は簡単ではありません。中には、いくら努力しても、運や才能や縁等がなければ今生《こんじょう》では叶わないものや、もともと無理なものもあります。

するとアタマは、「それは問題だ。欲求が満足されていない。したがって不幸だ。その不幸を解消しなければならない」と考えます。つまり、「不満足、即、不幸」と考えます。そして、その解消努力に一層拍車をかけるために「小さな不幸」を次第に

「大きな不幸」に見立てていきます。

「不幸」というのは心の苦痛です。アタマは苦痛を解消しようと懸命に働きます。「私は、こんなに不幸なんだから、もっと頑張らなければならないでしょ。努力や我慢も続けるべきでしょ」と自分の強欲に執着してしまうわけです。

アタマが働けば働くだけ、苦悩の穴を掘り進み、その中に深く入っていきます。周りが見えなくなってきます。何かを得ることが幸せになることだと思い、そして、それを得ようとしていると、必ず苦悩の方向に進みます。

そのような中で、幸福になるにはどうすればいいのでしょうか。お釈迦さまは**「我々は一物をも所有していない。でも、大いに楽しく生きていこう。光り輝く神々のように、愛や喜びに溢れて生きていこう」**と言っています。確かに私たちは、肉体も命も自分で所有しているわけではありません。ましてや、そのほかのものも何ひとつとして、自分のものと言えるものはありません。

でも、大丈夫です。何も手に入れなくても、大いに楽しく生きていくことができます。お釈迦さまの言うように、光り輝く神々のように、愛や喜びに溢れて生きていくことができます。この世に生まれてきたことが、まさにそういうことです。

30

嬉しい気持ちは、すぐに伝える。するとと自分が幸せになれる

人間ですから、嬉しいときも悲しいときもあります。楽しいときも苦しいときもあります。いつも良い気分ばかりでもありません。いつも悪い気分ばかりでもありません。せっかく良い気分になったなら、なるべく良い気分が長く続くほうがいいと思いますね。でも、その気分の延長のために、何をどうすべきか、あれをこうして、これをこうしてなどと計算高いアタマが出てくると、せっかくの良い気分はすぐに消えてしまいます。

そうではなくて、良い気分を延長させたかったら、アタマには、たったひとつの仕事を与えることです。それは、「今の嬉しい気持ち」を「相手に伝える」ことです。しかも、すぐに。

言葉でも、態度でも、アクションでも、笑顔でもいいです。とにかく伝える。照れたり、モジモジしたりしないで、素直に。たとえば「ありがとう」と言う、「嬉しい」

と言う、「サンキュー」と笑顔を返す、「すまないねぇ」とお辞儀をする。

どんな行動でもいいです。とにかくすぐに、まだ自分のハートが温かいうちに、「嬉しい気持ちを伝える」「たくさん伝える」「感謝を伝える」「笑顔を返す」。表現はどうであれ、とにかく自分の嬉しい気持ちを相手に伝えることです。すると、嬉しい気持ちはもっと大きく、温かくなります。

人間は嫌な気持ちを表明することは、練習しないでもできますが、嬉しい気持ちを人に伝えるのは、練習しなければできません。「いやー、感謝はしてるんですがね。伝えるのは生まれつきヘタなんですよ」などと言っても言い訳になりません。誰でも生まれつきヘタです。練習しなければうまくなれません。練習すればうまくなれますし、自分も周囲も、さらに「幸福」が大きくなります。

「でもね、まず、相手から練習してそうしてほしいわ。それから、私がする」と思っていては、いつまでも幸せを逃し続けることになります。まずは、自分から。

「麗《うるわ》しくあでやかに咲く花でも、香りのないものがあるように、善く説かれた言葉でも、それを実行しない人には実りがない」とお釈迦さまも言っています。

まず、自分から実践してみましょう。自分が幸せになれます。

31 「愛」という魔法のエネルギーが、「毒」となるマイナス感情を消す

人は誰でも、ついマイナス感情を抱いてしまいます。「不平不満」や「嫉妬」や「妬《ねた》み」や「苦しみ」や「怒り」や「憎しみ」など。それらは、すべて「欲」から発生しています。そして「欲」から発生するいろいろな感情は、すべて毒のエネルギーを体内に作ります。それらはみな毒です。毒ですから作り続けていると、そのうち必ず病気になります。

一方、「愛」は魔法のエネルギーです。どんな毒もみんな消し去ります。だから自分の健康のためにも「愛を欲しい欲しい」と思いますが、そう思って人から愛をもらったとしても、それではなかなかうまくいきません。なぜなら、自分の体内にめぐっているのは、自分の作ったものだけです。人からもらおうと思った愛、それは実は、「愛を欲しい」という自分の欲そのものだからです。「欲」では毒は消えません。自分が誰かにぶつけようと作り出した「不平不満」や「怒り」などの毒を消すのは、自分

が誰かにあげようとして作り出す「愛」しかありません。そして、自作の愛はすぐに身体中を喜びめぐって、すべての毒を消し去ります。

どんな毒でもそうですが、たとえば、もともと怒らなければ怒りはありません。もともと発生させなければいいわけです。でも、もし発生させたとしたら、もちろん噴出するのはおさえなければなりませんが、元の欲を消さなければ、根本的な解決にはなりません。おさえただけでは、気分はずっと悪いままです。

元の欲を消すのは、愛が最もすぐれています。欲の反対です。「欲しい」ではなくて、愛とは「あげる」です。

お釈迦さまも、**「怒らないことによって怒りにうち勝て。善いことによって悪いことにうち勝て。分かち合うことによって物惜《ものお》しみにうち勝て」**と言っています。

この「分かち合い」とは「愛」のことですが、もっと具体的にいうと、「あの人からメールを送ってほしい」と苦しく思っているのなら、「そうだ。メールを私から送ってあげよう」と、あげるほうに回るということです。「欲しい」から「あげる」に心が変われば、すぐに心は明るく軽やかになるでしょう。愛は魔法のエネルギーです。愛が身体に回っている人は、いつも健康でピカピカです。

32
今を楽しく幸せに生きるには、「生かされている」ことに感謝する

お釈迦さまが言うように、この世は四苦八苦です。人が生きるのは苦しみが多く、それを避けようとすることは当然ですし良いことです。健康に注意したり、将来の生活を心配したり。しかし、その努力に拍車をかけるために、すべて自分に責任があるのだと考え過ぎると苦しくなります。なぜなら、「もし努力を怠れば安心できる人生は歩めない」と錯覚してしまうからです。将来の安心や幸福のために今を犠牲にしようと思ってしまうからです。すると、今は辛いのだという認識が続くことになります。

どこで間違ってしまったか？　自分が幸せに生きていくのは、自分が頑張るしかないと思ったところですね。真面目な人ほどそう思います。真面目過ぎると人生の喜びを味わえなくなってきます。これを解消しましょう。不真面目になりましょうというのではありません。そうではなくて、自分がひとりで生きようともがいたりしなくても、ちゃんと生きていけるという事実を理解しましょう。すると、肩の力が抜けて、

人生が楽になります。その余裕を持ってあたりを見回してみると、今まで感じられなかった美しいことや、優しいことや、感動的なことが感じられるようになってきます。「ああ、人生って、本当に素晴らしいなぁ」と思えるようになります。

やり方のポイントは、自然や宇宙が自分を生かすために、どれだけのことをしているのか、どれだけの恩恵を受けているのかを発見していきます。それを自分自身の実生活の中で見つけていきます。たとえば、太陽が存在してるのもそうかもしれません。地球があるのも、親も、食べ物も、雨や風も、昆虫も、石油や船や自動車やバスも。自分が誕生してきたことも。そして今、生きているのに、いったいどれだけの恵みを受けているのかを、大きなものから小さなものまで、どんどん発見していきます。その気になれば、1日に百も2百も発見できるかもしれません。感謝すべきことが山のように現れてきます。「これも、あれも」と。するとお釈迦さまの言うように、**「人間として生まれてきたことも、この世で寿命を持って生きているのもありがたい。幸せになれる良い教えを聞けるのも、この世で素晴らしい人々と生きていけるのもありがたい」**という、まさに「有り難いことだ」とすべてに感謝に満ちた、嬉しい気持ちがさらにさらに膨らんできます。ニコニコ笑顔で、心から楽しい毎日になっていきます。

もっと知りたいお釈迦さま

「四諦」って、なに?

四諦《したい》とは人間の「知恵」の発達・成長を４段階で説明したものです。

①苦諦《くたい》（知恵の発達）：産まれると、すぐに自分の命や安全を守っていくために、アタマが働きはじめます。「四苦八苦」の苦痛の回避のために知恵が発達していくわけです。

②集諦《じったい》（知恵の発展）：一度でも痛い目に遭ったら、次からは避ける等の学習が盛んに行われはじめます。少しでも苦痛を少なくするために、自動反応できるプログラムもたくさん作られていきます。痛い目に遭っても、ほめられても、他人の体験を聞いても、どんどんプログラムを作っていきます。特に子どもは、環境に適応するため、拙速《せっそく》で大量に作り集めます。間違ったもの、不要なものが多くたまってきますし、一度覚えたものは、原則捨てられませんから、ずっとたまったままになります。

③制諦《せいたい》（知恵の成長）：作り集めたプログラムは、相反するものも出てきます。相反するプログラムは同時に実行できませんので、調整する必要があります。抑圧や我慢を覚えていきます。欲Ａを起動させるのがマズイなら、それより大きな欲Ｂで抑圧、コントロールできるようになってきます。多くの欲が林立して、お互いに干渉したり、引き合ったりしはじめると、まるでジャングルの中でもがくような苦悩に見舞われます。人間は成長すると、必ず苦悩を発生させるようになるわけです。

④道諦《どうたい》（知恵の完成）：その苦悩を解決し、幸せになるには、欲Ａを消去するという方法があります。欲Ａがなければ、それから発生する苦悩も消えます。この整理、消去作業をする段階が「知恵の完成」です。人間としての本当の幸せを手に入れることができます。

第V章

人間関係の悩みが消える
言葉の処方箋

33

「戦わなければただの人」と思えば、苦手な人はいなくなる

苦手意識とは実は自分が嫌な奴から逃げたいな、避けたいな、と思っていることから発生しています。

それらの判断はアタマが行っています。アタマは過去の経験や学習から、どう行動すれば自分の心身や命を守れるのかを判断するのが仕事ですから、嫌な奴からは逃げようと判断します。

でもアタマのやることはいつも行き過ぎています。トラに対してのんびり構えていては、いくら命があっても足りません。ですからトラに対して過剰に反応するのは仕方がありませんが、相手が人間でも同じ仕組みで反応するからマズイのです。

これを止めるには「嫌な奴、戦わなければただの人」と思うことです。実はアタマは戦おうと思うと、実際にはちょっとだけ嫌な奴でも、すぐに超危険な相手だと設定し直す作業を素早くしています。なぜなら、油断してやられるよりは、警戒して事な

きを得るほうが、警戒に要したエネルギーを差し引いても得だからです。アタマは自動的にそのように作業してしまいます。ですから、敵をことさら強敵に思うわけです。この作業をやめればいいのです。

お釈迦さまもこう言っています。**「心を煩悩《ぼんのう》で汚すな。思いが乱れるから。善悪の計らいを捨てて目覚めている人は、何も恐れるものはない」**

つまり、相手は悪い奴だと自分の善悪の基準で判断してしまって、そして、負けないようにどう戦おうかと煩悩をかき立てていると、千々《ちぢ》に思いが乱れて、相手を獰猛《どうもう》なモンスターのように思って、そして怖くなってしまうというわけです。ですから煩悩である「戦おう」という思いをやめればいいだけだとお釈迦さまは言っています。

そのために、「嫌な奴、戦わなければただの人」と心の中で3回唱えてみます。そうすればやめられます。なぜなら、自分は戦わないと宣言しているのですから、想定された戦いから発展する思考、それが恐れを増幅していたのですが、それがなくなるからです。すると、恐れがなくなるので、すぐに相手がただの普通の人、ちょっとだけ気に入らない程度の人に見えてきます。これは、やってみるとわかりますが、マジックのようです。お釈迦さまマジックですね。

34 腹が立ってしまったら、「私は今、腹が立っています」と口に出してみる

怒りは、自分の健康にも良くないですから、もとから怒らないように考え方の工夫をするのが一番いいのです。しかし生活をしていると、誰でも腹が立つことはたくさんあります。そして、思わず腹が立ってしまいます。それに、腹が立つメカニズムはとても早いですから、気がついたらもう怒りが沸騰しています。もし、そのように腹が立ったときは、どうしたらいいのでしょう。

もちろん、乱暴をしたり、暴力をふるったりしてはいけません。じっと我慢をして、表面は冷静さを装って怒りをこらえます。すると爆発しそうなまま、怒りのエネルギーはため込まれていきます。そのエネルギーはいつかもっと大きくなって、本当に爆発するかもしれません。自分の身体の弱いところを突き破って噴出して、自分の身体を破壊してしまうかもしれません。危険です。

怒ってしまったら仕方がありません。できてしまったエネルギーはため込まずに、

上手に小出しに放出しましょう。

やり方は簡単です。腹が立ったら「私は今、腹が立っています」と口に出して言ってみましょう。頭にきたら「私は今、頭にきています」と、穏やかに言ってみましょう。すると、自分の健康にも、相手とのコミュニケーションにも良いことになります。決して、大声で怒鳴ったり、手を上げたりしないことです。でも、怒りのエネルギーを黙ってためない。上手に放出するわけです。小出しに出せば、大丈夫です。

お釈迦さまも、**「壊れた鐘のように声を荒らげないならば、汝は安らぎに達するであろう。そのコツを知ると、汝はもはや怒り罵《ののし》ることがなくなるだろう」**と言っています。怒っても、まず我慢をすることはエチケットであり社会常識ですが、たまったエネルギーの解消を、その先上手にすることです。

「私は今、怒っています」と静かに言うことが、その上手な訓練になります。そう言うと相手も気がついて、何か急いで対応してくれるかもしれません。あるいは、自分が誤解して怒りはじめていたことを、うまく指摘してくれるかもしれません。頭をポリポリとかくことになるかもしれません。とにかく、賢い良いコミュニケーションになります。怒りも自然に消えます。笑顔が戻ってきます。

35 過去にしがみつくのをやめれば、苦しい関係を手放せる

「愛されなければ死ぬ」とか「捨てられると死ぬ」というのは、とても幼稚な考え方です。大人であれば、人から嫌われても死なないことは知っています。同様に、大人であれば、無理に付き合わないのも賢い選択であると知っています。でも、その代償を勘違いして恐れてしまうと、身体を壊しながらでも付き合うことになったりします。

たとえば、「この関係を解消すると、今までの私の人生はいったい何だったのだろう」とか、「ここでやめたら今まで苦労して働いてきたことがみんな水の泡になる」など。これは、相手との関係に執着しているのではなくて、自分の過去に執着してしまっています。つまり自分の過去にしがみついていることで、実は現実の嫌な相手を手放さない、または、支配されるままになっていることも多いのです。自分の過去を手放せば嫌な相手も同時に手放せます。

お釈迦さまも、「凡夫《ぼんぷ》は欲望し貪《むさぼ》り執著しているが、眼ある人はそれを捨てて道を

歩め。するとこの世の地獄を超えられる」と言っています。確かにお釈迦さまの言うとおり、自分の過去に執着していると地獄になります。現在の辛さと自分の過去を比較しても、どうするかの答えは出てきません。なぜなら、自分の過去の価値は自分で判断しているからです。とても捨てられないと思えば、そう思えますし、とても軽い過去で、風が吹けば飛んでいってしまうと思えばそう思えます。

思いきって過去を捨てると、自分を苦しめていた地獄から嘘のように脱出できます。そして、自分の心がまともになったら、嫌だと思っていた相手が、普通の笑顔の人だったと気づく場合もあります。あるいは、情動の動かない、まったく無関係な他人に思えることもあります。

つまり、地獄を作っていたのは、まさに自分の心だったとわかるわけです。自分の中にある、強欲や、見栄や、恐れなど、自分のものの見方や考え方に影響を与えているもの、特に過去を手放さないと執着している強欲な部分を子細に観察することによって、その影響を排除し、捨てることができます。そして、改めて相手との関係を続けるかやめるかなど、どのようにするのかを考えてみればいいわけです。それはお互いの人生にとっても、最良の判断になるはずです。

36

悪い友、卑しい人と交わるな。善い友、尊い人と交われ

お釈迦さまの言葉に、**「悪い友と交わるな。卑《いや》しい人と交わるな。善い友と交われ。尊い人と交われ」**というのがあります。

お釈迦さまは優しい人ですから、「貧しい人には手を差し伸べよ」とは言いそうです。「悪い人も除け者にしないようにしよう。罪を憎んで人を憎まず」などと言いそうです。ところが、「悪い友と交わるな。卑しい人と交わるな。善い友と交われ。尊い人と交われ」と、とても利己的なことを言っています。なぜでしょう。どう考えても、この言葉はお釈迦さまらしくないと思ってしまいますね。

でも、実は、これには深い意味があります。アタマにとって、悪い人、卑しい人と交わるのは甘美な誘惑で簡単です。楽な低いほうに進むわけですし、優越感も感じられます。上手なお世辞を聞かせてもらえるかもしれません。自分の下劣な心が喜ぶわけです。逆に、善い友、尊い友、立派な友と交わるのは緊張し気合がいります。身だ

しなみもきれいにして、だらしないことや馬鹿なことはできません。気疲れします。

また、お釈迦さまの教えを実践し続けていくと、自分が次第に幸せになって人にも優しくなってきます。お釈迦さまの弟子の中にもそのような人がたくさんいたのでしょう。その優しさにつけ入って、親切やサービスの継続、増大を要求してくる卑しい人も出てきます。すると、際限なく卑しい人にエネルギーを奪われてしまいます。「もう、いい加減にしてください。あなたへの親切はこれっきりです」と言っても、ずるく卑しい人は「さっきまで親切にしてくれたじゃないですか。それを突然打ち切りなんて、あなたは冷たい人だ。お釈迦さまの道場の人とは思えない」などと、ほとんど、ゆすり、たかりのように要求してきます。それを飲んで、また親切を再開すると大変なことになります。

そこでお釈迦さまが、「そりゃ相手が違うよ。だから言ったでしょ。悪い友と交わるな。卑しい人と交わるな。善い友と交われ。尊い人と交われ、ですよ」とおっしゃっているわけです。親切は相手を見てしなさいということですね。豚に真珠をあげてはいけないということです。餌だと思って真珠を噛んだ豚が怒って反撃してこないように。

37 間違った批判をする人は、放っておけば自ら滅びる

世の中には、いろいろな人がいます。自分を絶対に正しいと思っている人も多いです。間違った人を自分が正しいと思っているほうへ誘導しようとか、牽引しよう、はたまた強制して引っ張ろうとする人もいます。言葉で批判したり、非難したり、攻撃したり、罵ったりします。

また、アタマは甘い言葉に弱いですから、アタマを喜ばすような、楽な「こうしたら成功する」「こうしたらお金持ちになれる」ような誘惑的な教えを、間違えて正しいと思い込む人も多いです。そして、それを正しいと信じて、その見解から他人を批判します。困ったものです。どうすればいいのでしょう。

お釈迦さまは、**「愚かにも悪い見解にもとづいて、真理に従って生きる真人《しんじん》・聖者たちの教えを罵るならば、その人には悪い報いが熟する。カッタカという草は、果実が熟すると自分自身が滅びてしまうように」**と、良い教えを罵る人は自ら滅びると言

っています。

これはお釈迦さまが、自分の教えを他人からあれこれ言われるのが嫌だから、このように言っているのではありません。お釈迦さまは、自分の教えに絶対の自信がありますから、どのように言われても平気です。この言葉は、他人の攻撃から守ろうとしているのではありません。では、お釈迦さまは誰に何を言っているのか？

「間違った批判をしている人は、カッタカという草が果実が熟すると自分自身が滅びてしまうように、いずれ自滅する」と言っています。つまり、自分自身が滅びてしまいますよと、批判しているその人のことを思って注意して心配しているわけです。

また、一方では、「罵っている悪い人は、自分から自然に破滅しますから、放っておきなさい、そんなことに気を紛らわせずに、自分の修行に専念していなさい」というメッセージでもあります。

これは、普通の生活でも言えることですね。周りの雑音を調整するのは大変です。それに多大なエネルギーを使わずに、自分の大切なことにエネルギーを使うべきですね。悪い見解を持って罵っている人は放っておけば自滅するのだそうですから、手を出さないことです。割りきりましょう。腹も立ちません。

38 世の中に、非難されない人はひとりもいない

人は誰でも非難されると気分が悪くなります。

ちょうどアトゥラというお釈迦さまの弟子が町から帰ってきて、お釈迦さまに言いました。何かに憤慨しているようです。

「お釈迦さま、大変です。お釈迦さまのことを全然理解してない人が、お釈迦さまが言ってることは嘘だ。間違いだ。第一、お釈迦さまは悟っていないって言ってますよ。町の掲示板に、そういう貼り紙なんかもして、盛んに言いふらしてましたよ」

「そうか。なるほど」

「そうかじゃないですよ。お釈迦さまはどうするんですかぁ。このままじゃ非難されっぱなしですよ。あのー、私はものすごく腹が立つんですけど、いったい、どうすればいいんですか。あの貼り紙をした奴を見つけて殴ってやりましょうか」

「アトゥラよ。これは古今東西ずっと変わらぬことだが、沈黙している者も非難さ

れる。かといって、多く語る者も非難される。では、少しだけ語る者はどうかといえば、それも同じように非難される。すべからく、この世にまったく非難されない者はいない」

「はぁ。そうですか。お釈迦さま」

「ただ非難されるだけの人、また、ただほめられるだけの人も、過去にもいなかったし、未来にもいない。そして、現在にもいない」

「つまり、世の中にはさまざまな考え方や、いろいろな人がいるので、いちいち気にするなということですか？　お釈迦さま」

「そうだね、アトゥラ。たとえば、千人いるとすると、千人が違うことを言っている。万人いると、万人が違うことを言っている。ほめる人もいれば、誹《そし》る人もいる。声の大きい人もいれば、声の小さい人もいる」

「なるほど。良いと言う人がいれば、必ず悪いと言う人もいる。悪いと言う人がいれば、必ず良いという人もいる。ということですね」

「そうだね。そのように理解できれば、カリカリするのは損だとわかる」

「なるほど、損なのですか。損をしていたわけか。あははは、そうか。ありがとうございました。気分が良くなりました」

39

「守りたい自分」を手放せば、恋の邪魔者はいなくなる

恋をしたいけれど、いつも邪魔者が入ってしまい、なかなか思うようにいかない。面白くありませんね。邪魔者とは、意地悪な友や恋敵、彼の興味を引くものや仕事であったりします。

なぜ、次々に邪魔者が出てきてしまうのでしょう。おかしいですね。そこから考えてみましょう。恋愛を進めようと思うと「好きです」と勇気を出して言わなければいけません。でも、リスクがあるのでなかなか思いきって言えません。しかし、好きなのに好きですと言わないのでは、自分の気持ちに反しています。すると、好きですという気持ちを大切にしたまま、好きですと言えない状況を自分で周りに作りはじめます。つまり、邪魔者を自分の周りに作りはじめます。

彼に接近したい気持ちがあっても、悪いのはこの邪魔者だと責任を押しつけられるからです。邪魔者は自分にとって必要ですから、それがいなくなると、すぐにまた別

の邪魔者を探し出してきます。たとえば、恋ができないのは「門限の厳しい親がいるからだ」とか「仕事が忙しいからだ」とか。ほかにも「遠いから」「お金がないから」「服がないから」「私は美人じゃないから」「私は性格が悪いから」「私は彼にふさわしくないから」「私はつまらない人間だから」等々。そこまでして守りたいのは、傷つきやすく臆病な自分です。勇気のない自分です。

そこで、お釈迦さまが**「欲情から憂《うれ》いが生じ、欲情から恐れが生じる。欲情を離れたならば、憂いは生じない。どうして恐れることがあろうか」**と言っています。

好きだという気持ち（欲情）は良いのですが、それがすぐに、自分を守りたい方向に走るからマズイわけです。憂いが生じ、恐れが生じるわけです。

でも、相手を真から愛する、つまり「守りたい自分」のことを考えるのではなく、「相手のこと」ばかり考えていると、「守りたい自分」が意識から消えます。すると、弱い自分がどこにもいませんから、何も恐れることはないということになります。すると、勇気が出ます。邪魔者も不要になります。すると邪魔者はいつしかいなくなります。

40

自分の強欲を捨てれば、人に騙されることはない

世の中には、強欲な悪徳商人がいて、獲物を虎視眈々《こしたんたん》と狙っています。そのような人に騙されないようにしたいですね。どうすればいいのでしょう。

たとえば、高価な壺を買わされて損をして文句を言っている人がいるとします。

「この壺を買えば10倍に値上がりして儲かると言われたから、おかしいな、ちょっと高過ぎると思ったけど、結局、騙された。大損をしてしまった。いったいどう責任をとってくれるんだ」と怒り心頭に達しています。復讐まで考えているかもしれません。心が穏やかではありません。

お釈迦さまは「**貪っている人々の間にあっても、我々は貪らないで楽しく生きていこう。貪っている人々の間にあっても、我々は貪らないで暮らそう**」と言っています。

強欲な人が周りにいるのは仕方ないが、それに巻き込まれないように暮らそう、しかも楽しく暮らそうと言っています。

具体的には、お釈迦さまも言っているように、自分が貪らなければいいわけです。簡単です。騙されたのは、もともと自分の中にも同じような「強欲」があったので、他人の「強欲」に騙されたわけです。もし、その「強欲」がなければ、「10倍も値上がりするなんておかしい。変だ」という理性的な判断ができたはずです。自分に「強欲」があった時点で、すでに騙される素地があったともいえます。

ですから、これを防ぐには、自分の強欲を先に捨てること。それには「欲」の反対の「愛」を増やせば簡単です。悪徳商人が、「貴方だけに、こっそりお教えしますが、この壺を今買うと、10倍も値上がりして大儲けできますよ」とやってきても、「おお、そうですか。そんな良い話があるんですか。そんな良い話を持ってきてくれるとは、あなたは何と良い人でしょう。私は、あなたのような良い人を差し置いて、大儲けしようなんて思いません。私が買うと、あなたが買うものがなくなります。ぜひ、あなたから先に買って大儲けしてください。私はあとにします」と言うでしょう。

つまり、「愛」が優先すると、自分の「強欲」の出番がないわけです。すると悪人がつけ入る隙がないですね。そのような無欲の人を誰も騙すことはできません。貪らなければ、楽しく暮らせるというわけです。

もっと知りたいお釈迦さま

「色即是空」って、なに?

「色即是空《しきそくぜくう》」は、般若心経《はんにゃしんぎょう》の有名な一節です。「空」というのは漢文訳です。実は、サンスクリット語で貝葉に書かれた世界最古の般若心経が、日本の法隆寺に残っています。

それを私が解読してみると、それは、サンスクリットの原語では「シューニヤン」と書かれてあり、「つかめないが動きのあるもの」の意です。それを「空」と訳すと「空っぽで何もない」と思ってしまいますが、そうではなくて、波動とか電流と同じ形態のもので、アタマの中ですから、それは現代でいう「神経電流」ということになります。

ですから、「色が見えるのは、アタマの中に神経電流が流れているからだ(色即是空)」になります。「神経電流が流れているからこそ、色が見えている(空即是色《くうそくぜしき》)」。そして、「声」も「味」も全部、アタマの中では神経電流ですし、「思考」や「悩み」や「苦しみ」も全部、神経電流だと般若心経は続けています。であるなら、その神経電流さえ止めれば、悩みも苦しみも消せるはずです。

つまり、あらゆる悪い感情や不幸な気分も、工夫次第で簡単に消せる。実際その消し方も、「ギャーテイギャーテイ」というマントラを使ってこうすればよいと説明が続いています。貝葉に古代文字で書かれた漢文訳される前の般若心経は、実にわかりやすくよくまとまった科学的な合理的なお釈迦さまの教えだと、私は思っています。

人との縁に恵まれる言葉の処方箋

41

友達は無理に作ろうとしなくていい。必要なときに必要な人が現れる

スポーツをしたり、映画を見たり、遊んだりする友達はたくさんいるけれど、人生の問題を話し合ったり相談できる友達がいない。表面的な友達は多いが、親友と呼べる友達がいない。でも、大丈夫です。たとえば、この本を選んだのであれば、この本が必要だったのだというのと同様に、友達は必要なときに、必要な人が現れます。

友達は現れるものですから、無理に作ろうとしなくてもいいのです。それよりも、私は、私の道を、私が決めて、私が行くと、しっかり思うことが先です。

するとその道を行く友達と必ず出会えます。友達が必要だと思ったのは、自分の進む道を自分で選んで、自分で決断する勇気を持っていないからかもしれません。

自分で選んだ道を歩みはじめると、必ず同じ道を行く本当の友達に会えます。それは知らない人であったり、前から知っている人であったり、あるいは、昔の人であったり、未来の人であったりします。先に友達に会ってから、その道に進むと、間違っ

た道を進むことがありますよ。ご注意ください。

お釈迦さまは、**「旅に出て、もしも自分よりもすぐれた者か、または自分にひとしい者に出会わなかったら、むしろきっぱりとひとりで行け。愚かな者を道伴《みちづ》れにしてはならぬ」**と言っています。でも、これはお釈迦さまの教えをそのまま伝えてはいないですね。これでは、愚かな者は誰と一緒に旅をすればいいのか、救いがありません。そのうえ、優秀な人と旅をしようと思っていても相手から断られそうですね。お釈迦さまは、自分と比べてすぐれているとか、愚かだとかで、相手を判断しなさいなどとそんなことを言うはずはありません。この言葉のお釈迦さまの本意は、そうではなくて、自分と同じ道を行っている人とは友達になりなさい。違う道に行っている人とは、友達にならないほうがいいですと言っているわけです。ですから、正しい言い方に直すと、**「旅に出て、もしも自分の道と同じ道（正しい道）を歩む者がいないなら、むしろきっぱりとひとりで行け。別の道（間違った道）を歩んだり、行こうとしている者を道伴れにしてはならぬ」**です。そのとおりですね。もちろん、そのためには、自分の人生の歩む道を先にちゃんと決めることが前提です。すると親友はすぐにできます。

42 ずるい「困った人」を寄せつけなければ、本当に大切な人に出会える

事故で倒れて救急車を呼んでほしい人は困った人で、すぐに助けなければなりません。砂漠から戻って喉がカラカラに渇いている旅人は困った人で、すぐに水をあげましょう。でも、月給日近くになると、お金が足りなくなって「お金を貸してくれ」という人は困った人ですが、お金を貸してはいけません。いつも失恋すると呼び出されて慰めさせられる人は困った人ですが、慰めてはいけません。パソコンの操作ができないといつも泣きついて頼み込んでくる人は困った人ですが、助けてはいけません。困った人の代わりに自分がしてあげるのをやめましょう。困った人を助けない。

人間は、困ったことを乗り越えるときに一番成長します。お金に困るのであれば、働いたり節約することで、自分で乗り越えられるかもしれません。しかし、お金に困っている人にお金をあげるのは、成長する機会を奪っているだけかもしれません。慰めがほしいと言っている場合も同じです。パソコンができないのもそうです。助けな

ければ、自力で解決したり、自分でマニュアルを読みはじめるかもしれません。
困ったときに助けを求めてくる人の中には、さらに「ずるい人」もいます。試しに、困った人を助けないようにしてみてください。すると、この手のずるい人は、すぐにわかります。あなたを利用できないとわかると態度が急変するからです。「あらら、友達かと思っていたけれど、大間違い。すぐに手の平を返したように態度が冷たくなった。なーんだ、私は上手に利用されていただけだわ」と気づくこともあります。また、困ったふりをしている相手を手助けしつつ、まるで親友のように付き合っている、自信のない自分を発見するかもしれません。だからずるずる続けている。それでは自分の本当にやりたいことや、本当に会うべき人に会えません。自分の人生に良いことは何もありません。

お釈迦さまも、**「実に、身にそぐわぬ虚《むな》しい尊敬を得ようと願うのは愚かなことである」**と言っています。また、自分の弱さから近づいていると、**「好きな人だからといって馴染んではならない。人はそこで打ち砕かれてしまう」**と注意しています。自分の弱さから友達を失わないようにしていると、もっと大切な自分の人生を失いますよと注意してくれています。

43 自分で自分の弱さを認め、お互いに素直に認め合う

人には、それぞれ弱いところがあります。そこを突かれるとリラックスできません。犬がいつも、子どもにしっぽを踏まれているとリラックスできないようなものです。たとえば「私は毛虫がダメ」「先のとんがったものが嫌い」「高いところがダメ」「血を見るのがダメ」「長い白いものが嫌い」など人それぞれありそうです。幼い頃、蛍光灯を踏みつけて怪我をした経験などがあると、白い長いものが「恐い」になっているかもしれません。

訳はよくわかりませんが、それぞれ知られざる理由があるのでしょう。そして問題は嫌いなものが近づくだけで心がパニックになり、リラックスどころではなくなることです。ですから、それらを自分で知っている限り相手に伝えておきましょう。相手に伝えておかなければ、いつまでも相手にはわかりません。「自分はココが弱点なのです」と伝えておきましょう。

伝えておくだけで、ずいぶん気が楽になります。好きな人が、わざわざ犬のしっぽを踏むようなことはしないからです。

自分が弱いところを伝えたら、相手の弱いところも伝えてもらいましょう。お互いに相手の弱いところをかばって、お互いをいたわることができます。お互いがリラックスできます。

お釈迦さまも、**「恥ずべきでないことを恥じ、恥ずべきことを恥じないで、恐ろしくないことを恐れ、恐ろしいことを恐れない人は、その邪悪な見解により自ら苦悩することになる」**と説いています。何か苦手なことを見栄を張って嘘を言ったり、自分の弱点や恐れていることを自分にも相手にも隠しているのは、自分自身を正しくとらえているとはいえません。そんなことをしていると、たちまち自分が苦しくなりますよ、というわけです。

自分で自分の弱さを認める。お互いに素直に認め合う。それだけで、みんな気持ち良く生活できます。そして、それを実践すると、実感としてわかりますが、やわらかい温かい愛に包まれた空間がどんどん広がります。何より、自分の気持ちが堂々と伸び伸びしてきます。

44

比較するのをやめれば、素晴らしい人とめぐり会える

良い人にめぐり会えたら思いきって告白する勇気も出そうです。また、もし失敗しても後悔しないでしょう。何といっても、いい人に出会ったのですから。ですから、まずはアタックに値するような良い人にめぐり会う必要があると考えます。

でも、そのように考えていると、たとえ周りにどんなに良い人がいても目に入ってきません。良い人にめぐり会うチャンスをなかなかつかめません。なぜなら自分の欲で、自分の目のレンズが曇ってしまっているからです。自分の欲とは「より良い人にめぐり会いたい」という欲です。「より良い」というところが目の曇る原因です。

より良いと考えることは、つまり、アタマはせっせと比較作業をしていることになります。この人は60点、この人は65点と。さらに詳細に、間違いなく比較しようとアタマは作業を続けます。容姿や学歴、身長や年収、家族や友人その他もろもろを、高速で比較検討します。あの人と比べてどうだ、この人と比べてどうだ、スターと比べ

たり、理想と比べたり。

すると、いったい今相手が何を考えているのか、今どんな気持ちなのか、あるいは今どんな笑顔で笑っているのか、それを何も感じていない、何も見ていないことになります。そうなると、相手がどんな人なのか、さっぱりわかりません。

自分のアタマが比較作業に没頭しているので、相手を感じる能力が低下しているからです。お釈迦さまは、**「聡明な人は順次に少しずつ、一刹那《いっせつな》ごとに、見つけ次第おのが汚《けが》れを除くべし。鍛冶工《かじこう》が銀の汚れを除くように」**と言っています。汚れとは、こだわりや思い込み、先入観、強欲等です。刻々と汚れそうになるから、油断せずに刻々と磨けと言っています。心を曇らせずに、ピカピカにしておけと。

自分のアタマをすぐに比較作業に向かわせることなく、そのまま相手を感じてみましょう。すると相手の心の輝きや、心の温かさがすぐに実感できます。そしてそれは常にイキイキと動いていますし、自分の心が反応していることも、よくわかるようになります。

心と心が温かく輝きながら通い合う、素晴らしい相手とめぐり会うチャンスもすぐそこです。

45
相手のことを幸せにしてあげようと思えば、「恋」はもっと楽しくなる

「恋」はもともと楽しいものですが、それが苦しくなったり、疲れるようなら問題があります。「仕事」を「恋」にしてもいいですが、「恋」を「仕事」にしてはいけません。

相手からよく思われたいという目的や欲を持っていると、そうなりやすいです。目的や欲があれば、どんなことでも仕事になります。欲があれば何でも苦しくなりますし、仕事であれば楽しくはありません。疲れます。

恋を仕事にしてはいけません。もし恋が辛いようなら、楽しい恋に戻しましょう。思い方をこうします。相手からよく思われたいと思っているのを、相手を幸せにしてあげよう、相手を喜ばせてあげように変更します。自分の幸せを考えるのではなく、相手の幸せを考えます。思います。ただし、間違ってはいけないのは、相手を喜ばせてあげると相手は私のことを良く思うはずだと計算してやらないことです。

それではやはり、「相手に良く思われたい」から抜けていません。相手を幸せにしてあげようとそれだけを思うことです。たとえばお母さんが、赤ちゃんの幸せを願っている状態。無限、無償の愛です。

そうすると、恋が本来の恋に戻ります。恋が仕事でなくなれば、恋をしていても楽しいだけです。全然疲れません。元気になります。恋を仕事にしてはいけません。

お釈迦さまも、**「その行いが親切であれ。何ものでも分かち合え。相手の幸せを願って善いことを行え。そうすればするだけ、喜びに満ち、苦悩を減するであろう」**と、相手のことを幸せにしてあげようと思うこと、つまり、ひと言で言えば愛ですが、愛の行動をしていると、必ず自分自身が喜びに満ちて、苦悩は消えていくと言っています。

これは、古今東西、愛の真理です。欲はその反対になります。欲があれば必ず苦しくなります。精神的な欲は際限がないので、どんな欲も満足することはありません。そのような欲望を持つと、結果はいつも矢に射られたように悩み苦しむことになるというわけです。恋に欲を持ち込まないことですね。恋にはどんな欲も持ち込み禁止です。愛すれば愛するだけ自分の心が温かく幸せになれます。

46

話を丸ごと聞いて共感することで、さらに親密になれる

コミュニケーションが上手にできる、簡単で効果的な方法があります。「相手の話を丸ごと聞く」方法です。相手の言葉の内容だけでなく、声色、呼吸、目線、仕草などの身体からのメッセージや、それらの融合されたメッセージも、とにかく相手が発しているすべての雰囲気を受け取って本当は何を伝えたいのかを聞き取ります。

でも、それを聞き取ったからといって、その要求に応えなければならないというわけではありませんし、聞き取ると要求を飲まされるということでもありません。とにかく、とりあえず丸ごと聞いてみる。

すると、「なんだ、かんだ」と難しいことを言っている相手が、本当は単に「淋しいよう」って言っているだけなんだとわかるかもしれません。あるいは、本当は「辛くて逃げ出したいんだ」と言っているのがわかるかもしれません。「嬉しい」や「楽しい」もあるでしょう。「一緒に喜んで！」というのもあるかもしれません。「悲し

い」や「悔しい」もあるでしょう。お釈迦さまも**「深い湖が澄んで清らかであるように、賢者はまことを聞いて、心清らかである」**と、静かに相手の真意を深く丸ごと聞くのは賢者の対応だと言っています。

相手が伝えたいのは、実は話している内容ではなくて、それらの感情、それをわかってほしいのだとしたら、話の内容に目を向けて、理不尽だとか、自分勝手だとかの判断をするよりも、「そうか、そりゃ悲しいねぇ」とひと言、共感した言葉を相手に返すほうが、本当のコミュニケーションになります。つまり、あなたはとても悲しいと思っているのだねと、相手の「気持ち」に理解を示すのです。内容に同意するのではなく、気持ちに同感する。

たぶん、その反応を返せば、もう相手は言いたいことのすべてを伝えた、受け取ってもらえたとわかりますから、話は次に進みます。「でもね、私、まだ頑張れるから」と立ち直る勇気づけになるかもしれません。コミュニケーションが取れると、人間は元気が出てくるからです。理解してもらえたと思うと、人間は力を得て次に進めるからです。相手が元気になってくれると、「ああ、よかった」と自分も嬉しくなり、笑顔がこぼれます。ふたりの関係は、さらに親密なものになるでしょう。

47

一緒にいることを楽しむ、喜ぶ、感謝すれば、相手の「心の扉」は開く

何度も恋をするけれど、恋が発展しない場合があります。せっかく出会いがあっても、その後発展もなくて結局別れてしまうのではつまらないですね。しかも、毎回そうなるようなら、何か自分のほうに問題があるのかもしれません。どうすればいいのでしょう。どうしたら心からの深い付き合いができるのでしょう。どうしたら相手が「心の扉」を開いてくれるのでしょう。それには相手にそれを要求する前に自分から自分の「心の扉」をまず開いてみることです。

心の扉を開くにはどうするか。でも、やっぱり自分から開いてありのままの自分を出すのは恥ずかしいですね。その勇気を出すためにはこうしてみましょう。

「彼（彼女）と一緒にいることを楽しむ」「一緒にやったことを心から喜ぶ」「一緒にいることに感謝する」。つまり、彼（彼女）と一緒に、今、ここにいることを喜び感謝する。すると、一緒にいるだけで楽しいのですから「良く思われたい」とか「こん

なことをしたら嫌われるだろうか」とか「低い人に思われてはいけない」などと、アタマが自分のことを忙しく音を立てるように計算することをしなくなります。
自分の心が静かに豊かに落ち着いてきます。いつしか知らない間に自分の心の扉を開くことができます。

お釈迦さまも、**「水が水瓶に半分しかないと、欠けて足りないものばかりに目をつけて音を立てるのは愚者である。豊かに水が満ちた湖のように、愛に満ちてまったく静かなのは賢者である」**と言っています。

水瓶に「水が半分しかない」と不満に思うのも、「水が半分もある」と感謝して思うのも、思い方次第です。「ああしてほしい」「こうしてほしい」と不足を思うのではなく、「ああしてあげたい」「こうしてあげたい」と、自分に愛が満ちてくると、まるで自分の心の中の湖に水がいっぱい満ちているくらいの豊かな気持ちになります。

そして、自分が心豊かになると、まるで豊かな水が溢れ出るように、心の扉を開くことができます。そのようにできれば、相手もそれなら安心と心の扉を開いてくれます。お互いの心の扉が開くと、付き合いがぐっと深くなります。良い人かそうでないかの判断は、お互いにそれからでもいいのです。

48 まずは自分の心をきれいにすれば、心のきれいな人たちと集える

日本に伝わっている七福神の中の、たとえば弁天様は元々はインドの「サラスヴァティー」という芸能に秀でた女神様です。インドは多神教の国で、象の頭をした「ガネーシャ」という神様もいます。「インドラ（帝釈天）」という神様も、お釈迦さまの言葉の中に何度も登場してきます。**「インドラ神は、つとめ励んだので、神々の中での最高の者となった。つとめ励むことを人々はほめたたえる。放逸《ほういつ》なることは常に非難される」**などと。

一神教と違って多神教の神様は多彩です。それぞれの神様がとても個性的でとても人間的で物忘れをしたりヘマをしたりもします。とても人間臭い神様たちで、ファンタジーの世界です。つまり、お釈迦さまが神様のことを語るにしても「方便」として語っているわけで、存在を信じているわけではありません。また、その神様も、時代を経るとどんどん追加されたりしています。悟ったお釈迦さまもあとで神様の一員に

加えられています。悟った人は仏陀《ぶっだ》といいますが、仏陀はみんな神様というわけです。

さて、そのお釈迦さまの言葉に、**「もろもろの御仏《みほとけ》の現れたまうのは楽しい。正しい教えを語り合うのは楽しい。集《つど》いが和合しているのは楽しい。和合している人々がいそしむのは楽しい」**というものがあります。これはお釈迦さまを囲んで楽しく談笑している場面を言った言葉です。「もろもろの御仏」というのは、そこに集まっている人々のことで、その人々が御仏みたいにみんな輝くような笑顔をしているからです。人は誰でも心を覆っているシーツやブランケットを取り除けば、そこに「本来の自己」が現れてきます。「本来の自己」が現れると、それは「御仏」ですから、それらが現れて集い集まっているのはとても楽しい、この上なく楽しいと、感慨を述べているわけです。「御仏」まで一気にいかなくても、欲や、執着や、蒙昧《もうまい》をきれいに取り去った状態で集い合えれば、それはいつでも、どこでも楽しい場になるでしょう。

それには、まず自分から、そのように心をきれいにして一歩でも「御仏」に近づくことです。すると、最初に自分がハッピーになれます。そして、皆がそのようになれば、この世はさらに素晴らしく楽しい世界になるというわけです。

もっと知りたい
お釈迦さま

「対機説法」って、なに？

お釈迦さまの教えは、膨大な経典となって現在に残されています。中には、矛盾したことも書かれています。お釈迦さまは多くの人の前で講話をしたこともあると思いますが、ほとんどは困っている人や苦しんでいる人を救うため、その人に直接説明したり、ヒントを与えたりしたものです。

ですから、たとえば、あまり水を飲まなくてカラカラに乾いている人には「頻繁にたくさん水を飲んだほうがいいよ」と言いますし、逆に、水分のとり過ぎでブヨブヨになっている人には「あまり水を飲まないほうがいいよ」と言います。それを聞いた人があとで、「お釈迦さまは、水分はとったほうがいいと言った」「お釈迦さまは、水分はとらないほうがいいと言った」と書き残しています。

精神的なことについても、同様に真反対のことを言ったとなっていることもあります。それらはすべて、それを聞いた人にとっては一番有効で意味のある愛のこもった教えだったのでしょうが、そうでない人には逆の意味になったりするかもしれません。

人から言われたことを何でも素直に聞いて、じっと我慢ばかりの人生を送っている人に対しては「我慢してはいけないよ」と言うでしょうし、人の意見も聞かずに傍若無人に振る舞っている人には「我慢したほうがいいよ」と言うでしょう。

すべて対機説法《たいきせっぽう》です。その言葉が一体どんな人に向けていつ言われたのか、それがわかると、さらに深く理解できます。

第VII章

思い通りの自分になれる言葉の処方箋

49

思い通りの人生を歩むには、考え過ぎるのをやめること

アタマは考える機械で、とても働き者です。しかし、アタマには人生を決定する能力も、人生を楽しむ能力もありません。実は、「ハート」「魂」「霊魂」「真我《しんが》」ともいいますが、いわゆる「本来の自己」が、考える道具である「アタマ」や、物をつかむ道具である「手」や、歩く道具である「足」を使ってこの世で活動をしているのです。

アタマは優秀ですし、その働きがとても速いですから、あまりにアタマが働き過ぎると、「本来の自己」は出番をなくして、自分とはアタマだと思ってしまいます。多くの不幸はこの「本来の自己」と「アタマ」との混同、同化からスタートします。

アタマは道具ですから、「考えること」はものすごく考えますが、最終決定権は本来ないのです。指令で動いている足に行き先を決定する権利がないのと同じです。

ところが、「本来の自己」が出番をなくして「不在」になってしまうと、アタマは誰かほかの人に決定を委ねてしまいます。親や、社長や、伴侶や、親友や、子どもに。

決定権を持っていないアタマとしては苦肉の策です。考え続けろと言われれば、それは喜んでいつまでも考えるだけです。もし、誰も決定してくれなければ、過去の学習結果から、一番安全と思える決定を仕方なく、時間切れで何とか決定することもあります。

そのようになってくると、いったい誰が決めたのかわからないように、あっちにフラフラこっちにフラフラと、自分の人生が進むことになります。何だか上滑りして面白くない人生になってきます。ちゃんといるべき主が不在だと、そのようになってしまいます。アタマの過働きを見逃しているとそうなります。アタマが主人のように振る舞うからです。

お釈迦さまも、**「本来の自己こそ自分の主である。アタマがどうして自分の主であろうか？ アタマをよく整えたならば、得がたき主を得る」**と言っています。すると、アタマはやっと人生の決定に際して、「本来の自己」に「どうしましょうか」と指示を仰ぐことができます。こうなれば、人生が上滑りすることはなくなってきます。「本来の自己」が本当に思うように人生が進みはじめます。

50

「私は○○だ」と現在形で言いきれば、なりたい自分になれる

人にはそれぞれなりたいイメージがあります。作曲家や作詞家、モデルや俳優、スポーツ選手、そのほかにもいろいろと。でも、たとえば「私は将来作曲家になりたい」と言っているだけでは、「私は現在作曲家ではない」という認識を強めているだけですから、作曲家にはなれません。

作曲家になるには、「私は作曲家だ」と現在形で言いきりましょう。

すると本当にそうなれます。

なぜ、「なりたい」と思っていてはなれないのか。それは、将来はそうなりたいが、現在は作曲家ではないと思っているわけですから、アタマは、では作曲家になるにはどうしたらいいのだろうと、普通考えるからです。そして、そうなる準備として、「音楽センスを磨くためにたくさんＣＤを聴こう」とか、「今、世間で何が流行っているか知るために映画を観よう」とか、「やっぱり作曲家になるんだったらギターも弾

けなくてはマズイ。ギターを買って演奏の仕方を習おう」とか、とにかく作曲家になるために必要と思われることをしはじめます。本人は全然間違っていると思っていません。

しかし、それは回り道です。下手をすると一生回り道をすることになりかねません。作曲家になりたいのであれば、正しくは「私はもう作曲家だ」と現在形で言いきることです。すると自分はもう作曲家なのですから、やることはただひとつです。つまり作曲することです。お釈迦さまも、**「自分の目的をよく知って、そらさず自分のつとめに専念せよ」**と言っています。そうです。専念というのがポイントです。

実際に作曲をしはじめると、CDや映画やギター等はみんな作曲という真剣作業に入りたくないための言い訳だったなぁとわかります。当然、作曲に専念する時間が多くなりますし、世間や人間を見る目も作曲家の目になってきます。結果として本物の作曲家になれるわけです。

ただし、売れる売れないは、世間のそのときどきの評価ですから気にしないことです。大画家のゴッホも、生前は全然認められませんでした。とにかく「本物の○○」になるには現在形で「私はもう○○だ」と言いきり、そらさず専念することです。

51 自分で責任を持って決断すれば、誰もが人生の主役になれる

自分で自分の人生を「良い人生」だとか、「辛い人生」だとか、どのように思うのも自分の自由です。でも、「自分の人生」という舞台から自分という主役をおろしてはいけません。悲劇だろうが、喜劇だろうが、自分の人生の主人公は自分です。ほかの誰かに、自分の人生の主役を渡してはいけません。人の奴隷か何かになるために自分の人生をやっているのではありません。

そうならないためには、自分の人生の大切なことは、「自分で責任を持って決める」ことです。そうすれば、たとえそれが悲劇になろうがなるまいが、とにかく自分は自分の人生の主役でいられます。

一見、自分勝手のように思えますが、これで正しいのです。実際は、自分の責任は自分で取るという覚悟が必要なわけです。その覚悟を堅固にするには、自分の幸福や不幸を他人のせいにしていてはいけません。他人のせいにしていると、いつまでも自

分が主人公になれません。

お釈迦さまも、**「他人のことを見るなかれ。他人のしたことと、しなかったことを見るな。ただ自分のしたことと、しなかったことだけを考えよ」**と言っています。「自分の人生の幸・不幸を他人のせいにしない。自分の責任である」ということを徹底しなさいと言っているわけです。

すると、自分の人生の「幸」「不幸」の両方とも自分の手に入ります。つまり、自分が自分の人生の主役になれるのです。自分で自分の人生を決定できるわけです。

責任を持って、バンバン自分で決定しましょう。そうすると、面白くないと思っていた人生が、俄然、面白くなります。なぜなら、その人生が、たとえ悲劇であろうが喜劇であろうが、「主役は自分」になっているからです。実際、そのとき悲劇だと思っても、喜劇だと思っても、あとで振り返るとイキイキとエキサイトして主人公を演じていたことが楽しいのであって、悲劇か喜劇かは関係ないことなのだとわかります。

人生が面白くない人は、ぜひ、自分が自分の人生の主人公になってみてください。その瞬間から、息つく暇もなく面白くなりますよ。

52 自分の心をきれいに保つには、他人の過失をあら探ししないこと

心がきれいですと気分も爽快です。では、どうすれば心がきれいになるのか。まず、アタマの中で、アタマが使っている作業机の上をきれいにすることからはじめます。その机の上には、たくさんの「メモ類」が載っています。メモの中にはきれいな字で書かれたメモもありますが、力任せに乱暴な字で殴り書きされたメモもあります。どのようなメモも片づけなければ、机の上はメモが溢れて収集がつかなくなります。しかし乱暴な字で書かれたメモは、片づけるのに再度その字を読む時間もかかりますし、読んでいると不必要な心の動揺も再び呼び起こされたりしますから、整理に手間がかかります。汚《けが》れているメモ類は、片づけるのに時間がかかるというわけです。

お釈迦さまは、このことを**「他人の過失を探し求め、常に怒り哮《たけ》る人は、煩悩《ぼんのう》の汚れが増大するばかりで、彼は煩悩の消滅から遠く隔たっている」**と言っています。これを、先ほどの机とメモの話で言い替えると「他人の過失を探し求め、常に怒り哮る

人は、汚れたメモ類をたくさん増産することになる。しかも、彼はアタマの中の机上のメモをなかなか片づけられない。きれいに片づけるということから、遠く隔たっている。いつまでもきれいに片づかない」となります。

他人の過失を探し求めない。怒ったり、憤《いきどお》ったりしない。そうできれば不要なメモを増産することもありません。しかし、「相手に対して怒る」、つまり「相手を正そうとする」働きは、自分は何もしなくて、相手に対して間違いを正せと言うのですからアタマにとって一番楽な行為です。だから安易にそうなりやすいわけです。

それを防止するには、安易に判断して決めつけるのではなく、たとえば、なぜ相手はそう言うのだろう? 何か理由があるに違いない? 何だろう? ああだろうか、こうだろうかなどと、相手の気持ちや環境や体調や気分まで、すべて勘案しようとしてみます。それをするには何倍も、何十倍もアタマを働かせなければなりません。

その苦労をアタマは嫌がるわけです。そして相手が間違っていると安易に攻撃する。それは、ずるくて横着なアタマのやりそうなことですが、それでは机の上は片づきませんよ、自分の苦悩を自分で増しているようなもので、それでは幸せになれませんよと、お釈迦さまは親切にも注意してくれているわけです。

53
心の「天秤ばかり」を取り除けば、威張ったり卑屈になったりしない

普通、威張《いば》っている人を見ると感じが悪いと思いますから、自分は人に対して威張らないようにしようとします。でも威張るまいとしていると、自分を卑下して卑屈になったりします。実は、威張ることと卑屈になることはコインの表裏なのです。

学歴は低いより高いほうが良いと思っていると、学歴が自分より下の人には威張りますが、上の人には卑屈になります。でも、学歴では人を判断しないと思っている人は、自分より学歴が上の人にも卑屈になりませんし、自分より学歴が下の人に対しても威張るということはありません。

同じく、貧乏は恥じるべきだと思っていると、自分より貧乏な人には威張りますが、自分よりお金持ちには卑屈になります。でも、財産では人を判断しないと思っている人は、自分よりお金持ちがきても卑屈になりませんし、自分より貧乏な人に対して威張るということはありません。

同じく、田舎出身は恥じるべきだと思っていると、自分より田舎出身の人には威張りますが、自分より都会出身には卑屈になります。でも、出身では人を判断しないと思っている人は、自分より都会の人にも卑屈になりませんし、自分より田舎の人に対して威張るということはありません。

人を判断するのに、どんな基準も持たなければ、威張ることも卑屈になることもありません。お釈迦さまも**「およそ苦しみが起こるのは、すべて動揺を縁として起こる。もろもろの動揺が消滅するならば、もはや苦しみの生ずることもない」**と言っています。「学歴」「財産」「出身」など、さまざまな判断基準は、すべて天秤ばかりのようなもので傾き揺れます。つまり、心が揺れ動きます。

そして、自分が優位と思えば高慢になり、劣後だと思えば卑屈になります。どちらにしても楽しい感情ではありません。揺れ動く天秤ばかりを心に持っていることが苦しみの元なのです。その動揺が苦しみです。もろもろの天秤ばかりを取り除けば、もはや苦しみが生じることはなくなります。判断基準を持たなければ、苦しみを起こすこともなくなります。もしも、善悪、良否、好き嫌い、貧富、賢愚《けんぐ》等、全部の判断基準を取り払ったら、たぶん、生きていることに感謝するしかほかにないでしょうね。

54 ちょっと客観的になるだけで、いつも笑顔でいられる

昔から「笑う角には福来る」と言います。いつも笑っていたいですね。笑いは脳内に新しい思考回路が開通したときに起こります。たとえば、落語や漫才のオチを聞いて笑うのは、そのオチを聞いて予測してなかった新しい思考回路がアタマの中に通じるからです。何か心配していたことが杞憂《きゆう》に終わったら、「ああ、よかった」と笑いになります。これも解決という新しい思考回路が通じたからです。

このように、「執着していた考え」から抜ければ「笑い」が起こります。執着には、「恨《うら》み」「妬《ねた》み」「心配」などのような大きなものから、漫才で普通はこのような結論になるだろうと予想をしている小さな執着もあります。大きな執着でも、小さな執着でも、アタマがそこから抜ければ、すぐに軽やかな笑いになります。

そこで、なるべく①「執着を手放して」、②「新しい思考回路に進む」練習をしましょう。するといつも笑って生活できます。執着を手放すにはコツがあります。まず、

アタマが何かに執着して考えている仕事ぶりをほめてあげます。「おや、アタマさんご苦労さん。よく働いてるなぁ。感心、感心」と。するとアタマは、「えへへへ、そうでもないですけど」と照れるかもしれませんし、「えっ、これって、あまり意味がないのかなぁ」などと思い直すかもしれません。とにかく、アタマは今まで学習したり経験したりして作りためたプログラム（行動指針）に正確に自動反応して思考しているわけで、ほめられると、一瞬、その仕事から手を引きます。引かないまでも手を止めます。その瞬間に、客観的に見ている「自分」に同化します。つまり、執着していた思考から抜けているわけです。「笑い」が起こります。「あれっ、あははは」という感じです。お釈迦さまも、**「よく覚めて、心を正しくおさめ、執著せず、貪《むさぼ》らず、煩悩を滅ぼし尽くすと、人はこの世においてまったく束縛《そくばく》から解きほごされ笑顔で輝やく」**と言っています。

1日の9割以上の思考は、「思考の種」を元にアタマが単に適応できるプログラムを高速で引き出し開始しています。ということは、1日9割以上の時間で笑えるチャンスがあるわけです。ですから上手に執着をはずせるようになると、四六時中笑っていられます。この世は楽しい楽園になってきます。

55 古い思い込みやこだわりは、ヘビが脱皮するように脱ぎ去ればいい

こだわりや執着を捨てて人生を前進させましょうと、お釈迦さまは何度も言っています。仏典の中でも最古層に位置する『スッタニパータ〈Sutta-nipata〉（仏陀の言葉）』という経典の第1章「ヘビの章」の全17の経文は、全部の文末に「この世とあの世とをともに捨て去る。まるでヘビが脱皮して古い皮を捨て去るように」がついています。潔く捨てることを強調しているわけです。

たとえば13番は、**「走っても早過ぎることもなく、遅過ぎることもなく、この世はすべてアタマが認識したようにしか自分では知れないのだと知った者は、この世とかの世とをともに捨て去る。まるで、ヘビが脱皮して古い皮を捨て去るように」**。

「走っても」というのは、アタマの思考が走っても、そのスピードが早過ぎてコントロールが利かないということもなく、また遅過ぎることもない、つまり思考の進む状況を自在にちゃんと制御できているということです。最終17番では、**「5つの蓋《おお》いを**

捨て、悩みなく、疑惑を越え、苦悩の矢を抜き去られた者は、この世とかの世とをともに捨て去る。ヘビが脱皮して古い皮を捨て去るようなものである」と心の各段階、五蘊《ごうん》を覆っている不要なデータや古い思い込み、執着や強欲など、正しい思考の障害になるものを捨てれば捨てるだけ、苦悩がなくなると言っています。

1番から17番まで、突き詰めれば全部同じことで、心を磨いていく作業とは、心の中のいらないものを捨てることだが、それはまるで、ヘビが古い皮を脱皮するようなものだというわけです。この教えは、ありがたいですね。なぜなら「この世とあの世とをともに捨て去る」とありますが、そもそも「この世を捨てる」のも大事業、その上、「あの世まで捨てなければならない」のでは、想像もできないくらい難しい事業のようについ思えてしまいますが、そうではなくて、それはまるで「ヘビが脱皮するようなもので、いとも簡単だよ」とお釈迦さまは繰り返し言っているからです。

そう言われると、何だかほっとしますね。単に自然にするすると脱皮すればいいだけですから。いらなくなった古い皮、つまり、古い思い込みやこだわり、執着などをさっさと脱ぎ去ればいいだけです。「いらない思いはさっさと捨てなさい。簡単だよ。それはヘビが脱皮するようなものだよ」と。

56

自分を磨くことと同様に、自分の慢心を滅ぼすことは楽しい

自分の強欲を追いかけていては、いつまでも幸福になれませんが、自分の心を磨いていけば、どんどん幸福になります。このことをお釈迦さまは、「岸に下りてゆく階段の整備されている河は楽しい。理法によって打ち勝った勝利者は楽しい。明らかな知恵を得ることは常に楽しい。自分が中心という慢心を滅ぼすことは楽しい」と説明しています。お釈迦さまは、楽しいことをずらっと並べて、だから、このように慢心を滅ぼすのも同じように楽しいことだとすすめているわけです。

日本ではあまり実感が湧きませんが、インドは熱いところですから、河に下りて水浴びをすることは、クーラーのない昔では、とても重要な健康維持の生活の様式だったのでしょうね。河に下りていくのにきれいに整備された階段があると、河に入るのがとても楽で快適だということですね。それは楽しいでしょうね。

「理法によって打ち勝った勝利者は楽しい」というのは、たとえば、こんがらがった

ヒモを思い浮かべてください。頭を使って上手にほどけると気持ちが良いですが、逆に、「力」を使って「暴力的に」引きちぎったり切ったりすると、全然気分が良くないですね。それでは全然楽しくないですね。

さらに「明らかな知恵を得ることは、常に楽しい」のです。なぜなら、常に「理法」によって打ち勝つことができますから、確かに「常に楽しい」になりますね。

そして、これがポイントですが、「自分が中心という慢心を滅ぼすこと」は楽しいのだそうです。では誰が、「自分が中心」と考えているのでしょうね。それは、アタマという優秀なコンピュータ、考える機械です。機械が「自分が中心」と威張っているわけです。その慢心を滅ぼす、つまり、自分勝手に暴走させない、ちゃんと手綱《たづな》をつけて言うことをきかせることは、一番楽しいことだよ、とお釈迦さまは説明しています。それはインダス河のほとりの血統の良い馬に乗るようなものだと。

確かにそうですね。暴れ馬では危険ですけど、手綱をつけた駿馬《しゅんめ》にまたがり、さっそうと風をきって走れると、人生楽しいですね。

もっと知りたい
お釈迦さま

「般若波羅蜜多」って、なに？

お釈迦さまは、「人間は成長につれて『欲』が林立してどうやってもこうやっても苦しくなる。そこでとどのつまりその整理をしなければ、けっして幸せにはなれない。でも、整理しさえすれば、誰でも大幸福になれる。それが『知恵の完成』だ」と言っています。原文では、「パンニャ（知恵）パラミータ（完成）」、漢訳では音訳のままですが「般若《はんにゃ》波羅《はら》蜜多《みった》」です。

何かを欲しいと思ってもそれを我慢する方向ではなく、もともと何かを欲しいと思わないことです。いろいろなアプローチの方法がありますが、いずれにしても知恵を上手に働かせることになるので、「知恵の完成」と呼んでいるわけです。

「あのとき、ああすればよかった」と思いはじめても、「『ああすればよかった』という仮定法過去完了的な文脈はいくら考えても無理だ、過去のことは誰も変えられない」とアタマが明晰に理解すれば、後悔はすぐに消えます。

「もしこうなったらどうしよう」と心配がはじまっても、「未然形未来完了的な文脈はいくら考えても無理だ、未来のことは誰もわからない」とアタマが明晰に理解すれば、心配という心理作用はすぐに消えます。心配しなくなります。

つまり、アタマを明晰に働かせることができるようになると「知恵の完成」になるというわけです。ひと言で言えば、「できないこと（強欲なこと）は、最初から考えない」ということですが、それで本物の幸せを手にすることができます。

第VIII章

やる気や自信が湧いてくる言葉の処方箋

57 「何々すべきだ」をやめて、好き嫌いで判断すれば力強く生きられる

日常で、相手に対して、何か約束が守れなかったとか、期待に沿えなかったとかで、言い訳をすることは頻繁にあります。謝ったり、できなかった理由を述べたり……つまり言い訳をしたりするのは、大人のやむを得ない、しかし上手なコミュニケーションともいえます。そのような言い訳ならOKです。

ところが無意識に自分で自分に言い訳をしている場合は問題です。何かできなかったときや失敗したときに、「仕方なかったのよ」とか「誰だって我慢できないはずよ」とか「私にはできないことだから」など。言い訳の名人にはなりますが、自分に責任が持てなくなります。自信がなくなります。自分が嫌いになります。

自分に対して言い訳をするのはやめましょう。でも「ああすべきだ」「こうすべきだ」が多過ぎると、反省することが多くなります。これは辛いですね。だから思わず言い訳になったりするわけです。

お釈迦さまはもっと手厳しいです。**「自分が作り、自分から生じ、自分から起こった執着が、愚かな自分を打ち砕く。まるで、金剛石《こんごうせき》が宝石を打ち砕くように」**と、「何々すべきだ」に無自覚に執着していては、自分が自分にやられる。大変なことになるよと言っています。

では、さっそく多過ぎる「ああすべきだ」「こうすべきだ」という自分の執着を減らしてみましょう。過去に学習した判断ではなく、現実の自分の判断にしてみればいいのです。

試しに、「これは好き・あれは嫌い」で自分の人生を運んでみます。「好きだからした」「嫌いだからしなかった」でいいのです。すると、そもそも成功だとか、失敗もなくなりますから、責任や反省もなくなってきます。自分に対する言い訳も不要です。

好き嫌いで生きはじめると、最初は多少ギクシャクしたり相手とぶつかったりするかもしれませんが、生《なま》の自分が生き返ったようで、自分の生き方に手応えが感じられるようになります。自信がついてきます。

すると、もっと自分の人生を力強く、堂々と進むことができるようになります。

58 人生を「楽しいなぁ」「嬉しいなぁ」と前向きに受け止める

姿勢を良くしようとして、背骨をまっすぐにしようとしても、背骨は骨ですから、背骨は意識できません。では、周りの筋肉を使って背骨をまっすぐにしようと思いますが、筋肉には「まっすぐ」が理解できません。

姿勢を正しくするためにアタマができることは、「呼吸」と「精神的な姿勢」のふたつです。深くお腹の底まで空気を入れて、ゆっくりとした呼吸をしていると、必ず姿勢は良くなります。姿勢が悪いと、息を腹の底まで入れられないからです。それはまるで、空気の抜けた風船人形に空気をたっぷり入れると立ち上がるようなものです。

問題はふたつ目の「精神的な姿勢」ですが、これは人生に対する姿勢でもあり、人生の受け止め方でもあります。それを前向きに変えれば姿勢は自然に良くなります。

物事を「重いなぁ」とか「苦しいなぁ」とか後ろ向きに受け止めていると、その重荷を背中で背負って、ついつい背中が丸まってしまいます。

人生を「楽しいなぁ」とか「嬉しいなぁ」とか前向きに受け止めていると、自然に胸で受け止めようと、胸を張った良い姿勢になります。

お釈迦さまも、**「つとめ励むのは不死の境地であり、怠りなまけるのは死の境地だ。つとめ励む人々は健康であり、怠りなまける人々は病人のごとくである」**と、前向きに励むことは良いことだと言っています。

人間は誰でも、楽をしたいと思いますから、ついつい安易な方向や怠惰な方向に流れがちです。そうすると姿勢も悪くなりますし、気分も落ち込んできますから、健康にも良くないわけです。

精神も肉体も少しだけキツ目に使ってこそ、元気になるのでしょう。もちろん、使い過ぎて壊してはいけませんが、ちょうどいい加減に使うということです。その加減は、横着なアタマが思っているより、少し厳しいくらいがちょうどいいようです。

姿勢を凛と正して、深く落ち着いた呼吸をして、世の中を前向きにとらえていると、きっと眼もキラキラと輝いてくるでしょう。良いアイデアや考え方も出やすくなるでしょう。見た目も格好が良いですし、人生の達人のように思えてきます。

59 肯定形で考えるクセをつければ、人生が前に進み出す

アタマは概念の世界に住んでいますから、否定形も肯定形もどちらも考えることができます。たとえば、「行く」も「行かない」も。しかし、肉体は現実の世界に住んでいますから「行かない」という行動はできなくて、「止まる」になります。アタマが「A地点に向かってはいけない」と考えても、肉体にとっては「では、いったいどこに行けばいいの」と行く先がわかりません。足の踏み出す方向がわかりません。失恋して、「もうあの人に電話をかけてはいけない。別れたのだから」と苦しいながらも自制したとします。でも、それでは具体的に何をすればいいのかわかりません。「声を聞きたい。でも電話をかけてはいけない。電話をかけたい。でもかけてはいけない」とそのあたりを行ったり来たり、いつまでもウツウツすることになります。

このように否定形で考えると、アタマはその否定したものに執着してしまいます。すると、混乱した肉体は間違えたり、動けなくなったりします。実は、アタマが物事

を否定形で考えたい理由は、否定形のほうが思考するのに楽だからです。

「あの人もイヤ、この人も気に入らない」と否定するのは楽です。「じゃぁ、いったい誰と結婚するのよ。もう35にもなって」と、母親が娘を叱っています。確かに「あの人のここが嫌い、この人のここが嫌い」と否定するのはアタマにとっては楽な作業です。しかし自分で選ぶとなると、しっかりよく見て考えなくてはなりません。「ここが良い、あそこが良い」と考え方を変えなければなりません。否定形で考えるのをやめれば、自分の目が開きます。自分で決定することができるようになります。

お釈迦さまも、**「怠りなまけている人々の中にあっても、ひとりつとめ励みなさい。眠っている人々の中にあっても、ひとりよく目醒めていなさい。思慮ある人は、速く走る馬が足ののろい馬を抜いて駆けるようなものである」**と言っています。

否定形で考えるのはアタマが眠ってなまけているようなものです。「否定形で考えない」、おっと、そうではなくて、「肯定形で考える」でしたね。このように気がついたら、すぐに言い直してみてください。肯定形で考える。すると、人生が駿馬《しゅんめ》に乗ったように前に進みはじめます。毎日が変わります。人生が変わります。

60 「できないことはできない」と知ることが、今を楽しむ秘訣

アタマは自分のご主人の健康と幸福を守るのが、その重要な任務です。しかし、させたいように勝手にさせておくと、アタマは働き者ですからキリがありません。あれやこれや心配事を考えることに夢中になってしまいます。ほかのことに手がつかなくなり、場合によっては大切なことを忘れたり、眠れなくなったりします。適当なところでやめさせましょう。

それにはこうします。実は心配は、「心配の種」から発生し生い茂った「どうしよう、どうしようという大木」でできています。邪魔になるのは大木のほうです。大木は自分で作っています。対策や善後策を手当たり次第に考えるからです。それを適当なところでやめればいいのです。どこまでが適当なところで、その先は考え過ぎという境目が見えないから考え過ぎになります。「私の対応能力を超えた対策を、私がいくら考えても意味がない」のです。これは諦めのようですが、諦めとは違います。で

きないことはできないと正確に認識することです。

お釈迦さまも、**「およそ苦しみが生ずるのは、すべて思考作用によって起こるのである。思考作用が消滅するならば、もはや苦しみは生起しない」「苦しみは思考作用によって起こるのであると、このわざわいを知って思考作用を静めたならば、人は欲を貪《むさぼ》ることなく安らぎに帰しているのである」**と述べています。

つまり、「私には私のできる範囲がある。その先は私が考える領分ではない」と思って思考を消滅させればいいわけです。

たとえば、その先は神様の受け持ちだと理解しましょう。コツは神様の領分をどんどん増やすことです。30秒より先のことを考えるのを全部神様に任せたら、実は人の仕事は「今を楽しむ」ことしかなくなります。

ここでいう「神様」とは、アタマに考えさせないように、アタマから思考を取り上げるための方便ですので、「仏様」でも「宇宙」でも何でもいいです。とにかく、アタマより偉大そうな何かに心配事を任せることによって、アタマからその思考を取り上げようという算段です。思考さえなくなれば、心配はキリが晴れるように消えてなくなります。安らかな心になれます。それは、お釈迦さまの保証つきです。

61 執着を捨てれば捨てるだけ、身も心もどんどん軽やかになっていく

いらないものを捨てないと、部屋が片づかなくて困りますね。たとえば、書けなくなったボールペンがペン立てにあるとすると、いったい何のために入っているのでしょう。何かの記念に？　一生懸命こすると、再び書けることがある？　いろいろアタマは理由を考えます。でも、本当は捨てたくないだけです。それはアタマの本性です。保持するのに合理的な理由があれば、もちろん保持しますが、理由がなくてもとりあえず保持します。つまり、捨てる積極的な理由がなければ、自動的に保持するほうに回ります。これは「欲」の本質ともいえます。

アタマの中のいらないものも、捨てないと片づきません。しかし、「思い込み」「こだわり」「執着」についても同じように保持しようとします。痛い思いや経験などをして、せっかく覚えた行動指針やプログラムなど、捨てようとは思いません。

お釈迦さまは、**「私には子がある。私には財があると思って愚かなものは悩む。**し

かし、すでに自分の心身が自分のものではない。まして、どうして子が自分のものであろうか。どうして財が自分のものであろうか」と言っています。自己が自分のものでないというのは、自分の心身は、まるで借り物のようなもので、寿命がくれば返さなくてはならないものだというわけです。確かに、生きているうちはモノに執着していますが、しかし、いずれ財産や地位などすべてのものは、何ひとつあの世に持っていけないのです。とどのつまりは、自分の肉体やアタマまで、きれいに「捨てる」ことになるわけですから、それより軽微な雑多なものに、いちいちこだわっているようでは、先が思いやられるということです。

ただ、このような言い伝え方は、少しおかしいですね。お釈迦さまは「愚かなものは悩む」とは決して言わなかったと思います。それでは救われようがありません。お釈迦さまは人を救うのが目的ですから、「強欲に走っていると、すぐに悩んで苦しむことになる。それは愚かなことだよ」と本当は言ったでしょうね。

そうですね。いろいろな執着を捨てれば捨てるだけ、身も心もどんどん軽やかになっていきます。そして、本当に大切なもの、愛、勇気、自信などが光りはじめます。

62 経験値や既成概念を一切捨て、子どものように楽しむ

誰でも生まれながらの大天才です。しかし、心がいくら天才でも、技術がなければ作品は作れません。まず技術を身につけることが必要です。しかし、それは同時にさまざまなことを覚えていくことになります。「どうすれば先生からほめられるか」「手際良くするには」「こうするとリアルだ」等々。上達するとどんなものでも上手に模倣できるようになりますが、逆に創造性は失われていきます。そのわけは、アタマがおしゃべりをして邪魔をしはじめるからです。学習したこと、経験したことを語りはじめるからです。「ああしたほうがいい」「こうすべきだ」「ああだ」「こうだ」と。

こうなると技術はあるのですが、つまらない作品しかできなくなってきます。技術がなかったときのほうが、かえって創造性に富んだ作品ができていたような気にさえなります。心が欲に支配されてしまったからです。「ほめられたい」「評価を得たい」「認められたい」「賞を取りたい」「お金も地位も欲しい」等々。ちなみに「良い作品

を作りたい」というのも立派な欲です。これらの欲は技術を習得する推進力としては有効ですが、心がそれに支配されるとマズイのです。創造性を失います。

良いものを作ろうという目的を持ってしまって、それを仕事化してしまったのがまずかったわけですから、それをもう一度「遊び」に戻しましょう。目的をはずすのです。

遊びは無目的です。子どものように楽しむのです。先生や世間の評価も自分の評価も何も考えずに、今ここで楽しむのです。

お釈迦さまも、**「以前に経験した楽しみ、苦しみをたち、また、学習した快さと憂《うれ》いをなげうって、清らかで平らで静かな心で、サイの角《つの》のようにただひとり歩め」**と励ましています。既成概念を一切捨てなさい。それが大切ですと言っています。子どもには既成概念がありません。だから遊べるわけです。良い作品を作ろうと全然思わずに、ただ自分が楽しんで作っているだけになります。

結果として、それがみんなを楽しませることになったりもします。良いものを作ろうとしないで、目の前だけに集中して、大いに楽しんでください。すると誰でも大天才です。

もっと知りたいお釈迦さま

「瞑想」って、なに?

瞑想《めいそう》は、お釈迦さま以前からあるもので、瞑想によってお釈迦さまは悟ったと思います。お釈迦さまは自分が悟った瞑想をさらに完成させて、弟子たちに教えていたはずです。南方系の『ダンマパダ』などにも、「瞑想をしっかりしなさい」などと、その形跡が残っています。でも、どのようにすればいいのかは詳しく書き残されていません。では、北方に伝わった仏教経典のほうに瞑想が正しく詳細に書かれているかというと、そうでもありません。

どうもお釈迦さまの伝えたかった瞑想は、途中で消えたというわけではありませんが、それぞれ一部分しか伝わらなかったような感じがします。瞑想の「浄化三手順」とは「集中」「気づき(観照《かんしょう》)」「棚上げ」です。アタマのまったく異なる三種の働きを、アタマの中で次々に繰り返し作業することによって「思考の種」を片づけ、そして無思考になる方法です。

南方仏教に付随して伝わった瞑想のやり方は、このうち「気づき(観照)」の部分の実践をメインにしています。ですから、その「観照」に関してさまざまな手法や技法が充実しています。また、北方仏教に付随して伝わったのは、このうち「集中」の部分の実践をメインにしています。ですから「集中」に関するさまざまな手法や技法が充実しています。しかし、瞑想は「集中」「気づき」「棚上げ」の三手順を短時間に繰り返す必要があるので、一手順だけではうまくいきません。

南方系の手法も、北方系の手法も、それぞれお釈迦さまが教えた瞑想の大切な手法のひとつであり、それが充実していることは良いことですが、瞑想の全体ではありません。瞑想は心を整えたり、磨いたりするのにとても良い技術です。ぜひ日常で活用されることをおすすめします。

心が強くなる
言葉の処方箋

63

心配で前に進めないときは、たったひと言「私は行く」と言いきる

人生は前進しようとすると、いろいろな心配がまるで山のように前に立ち塞がって、足が止まってしまうことがあります。でも、その山のような心配は一歩踏み出すと、実は一瞬にして消えてしまうものです。心配は、心配しているから、心配なのであって、実際にその現場に行けば、あらかじめ考えていた心配はなくなります。

つまり、心配していること自体が、自分自身の行動を躊躇させているわけです。足踏みさせているわけです。まるでアタマは、洞窟の奥に住んで、モニター画面で外の状況を見て、あれこれ想像の羽を伸ばしてあちこち画面を切り替えながら、心配を膨らませているようなものです。

お釈迦さまも、「**アタマは遠くに行き、ひとり動き、形体なく、胸の奥の洞窟に潜んでいる。このアタマを制する人は死の怖れすらからも逃れるであろう**」と言っています。アタマを制すればどんなことも怖くない。死の怖れすらないと言っています。

ですから、心配症のアタマに相談せずに勇気を持って決断して、進みはじめることが肝要です。行動を起こすこと。そのためには、強く決断することです。

どうすれば強く決断できるのかといえば、あれこれ条件をつけないで、単純にひと言で言いきります。たったひと言、「私は行く」と言ってみましょう。

「私は絶対に行きたい」ではありませんし、「私は断固行かなければならない」でもダメです。いくら絶対や断固がついていても、それでは本物の決断になっていません。それはアタマが使う言葉です。

決断に理由は不要です。理屈もいりません。自分が決断するのに、自分自身への言い訳はもってのほかです。計算も不要ですし、人の目も結果も気にしてはいけません。

とにかく、本当に決断するには、単純にひと言で静かに言いきります。

「私は行く」。それだけです。それが本当の決断になります。

なぜなら、決断とは「本来の自己」がリスクをとってするのであって、分析や比較や検討好きの「アタマ」という機械ができるものではないからです。決断をアタマに邪魔させないために、本来の自己がひと言で言いきりましょう。すると見事に決断できます。人生が進みはじめます。

64
相手を変える努力は無駄だと知れば、非難されても平気でいられる

誰でも、非難されると気分が悪くなります。非難されるというのは「あなたは間違っていいます。是正しなさい」と言われていることです。

ですから、その非難を認めると、自分を変えなくてはなりません。でも、自分は正しいと思っていますから、変えるつもりは普通ありません。すると、「あなたは間違っている」と言ってきた相手の考えを変えなければならないと、アタマは考えます。相手を変えようと思うと戦いになります。つまり、非難されるとすぐに、心身が臨戦態勢になるわけです。血圧が上がり、胃腸が収縮して、頭に血が上り、腹が立ちます。気分が悪くなります。

では、臨戦態勢にしないようにするには、どうするか。実は簡単です。自分を変えるつもりはないにしても、相手を変えようとも思わなければいいのです。相手は相手です。相手を変えようとさえしなければ、臨戦態勢になりません。

人間同士生活していると、どうしても同じ考え方でいたいと思います。違う考え方であれば、自分か相手かを正そうとするわけです。でも、自分を変えたくないですから、必然的に相手を変えたいと思います。

お釈迦さまから言わせれば、かまい過ぎなのです。放っておきなさい。打ち捨てなさい。それで何も問題はないでしょう、ということです。

「たとえば、王様がせっかく征服した国でもポイと捨て去るように、堂々とまるでサイの角《つの》のようにひとりで歩みなさい」ということです。

これは、いらないものにこだわるなという教えです。まさか国まで捨てる気にはなりませんが、そこまで言われると、「相手の考え方を変えたい」などという欲は、とても小さなことに思えてきますね。

非難されたら起こる気分の悪さの仕組みをよく理解し、お釈迦さまの「サイの角のようにひとりで歩め」という言葉を思い出して、悪い思考の道筋から脱出しましょう。

相手を変えようと思う努力は、いつどんなときでも、とことん無駄だと、深く理解することです。それができれば、誰から非難されても、条件反射ですぐに臨戦態勢になることはなくなります。いつも隠やかな気持ちをキープできます。

65 理想の自分と比べ過ぎずに、ありのままの自分で歩き出す

理想の自分になりたいと、向上心があるのは良いことです。しかし、それが強過ぎると、今の自分は理想の自分よりずいぶん劣っているなぁと思ってしまいます。その気持ちを向上心に結びつけるのなら、それも意味があります。自分を叱咤激励するわけです。

しかし、劣っている面ばかりに注目していると、人生がだんだん面白くなくなってきます。これは正しい見方ではないですから、やめたほうがいいです。自分が劣っていると設定してみたのは、向上心に拍車をかけるための方便です。より高くジャンプするために、一度しゃがみ込むようなものです。

その状態にばかり注目して、「ああ、やっぱり私はうずくまることしかできない。能力が低い」などと、ジャンプする前の姿勢で止めていてはいけません。さらに辛くなるだけです。もし、ジャンプしたくないのなら、そのまま素直に立ち上がりましょ

う。自分の目線が高くなり、視野が広がります。ジャンプして視野を広くするよりも、素直に立ったまま歩き出すほうが、人生ではうまくいきます。正解です。

本当の人生をはじめるには、同じところでしゃがみ込んだりジャンプしたりするのではなく、未知の世界に勇気を持って、ありのままの自分で歩き出すことが大切です。するとさまざまな、わくわくするようなドラマが待っています。

自分を不必要に責めないことです。理想の自分と比べ過ぎないことです。「私は私のままでいこう」と思えばいいのです。

お釈迦さまも、**「貪《むさぼ》ることなく、詐《いつわ》ることなく、渇望《かつぼう》することなく、見栄を張ることなく、濁《にご》りと、迷妄《めいもう》を取り除き、全世界を見渡して、妄執《もうしゅう》のないものとなって、サイの角のようにただひとり歩め」**と言っています。

本当に充実した自分の人生を歩むためには、強欲を持たず、予見や偏見や先入観を全部取り払って、人の意見や評価にも振り回されず、ありのままの自分で堂々と進めと応援してくれています。それでいいのだと、しっかり後押ししてくれています。

66 「私は私のために生きている」と思えば強くなれる

誰かに必要とされていると嬉しいですね。生きている意義を感じます。しかし、誰かに必要とされたり、認められたりすることで、自分の存在意義を確認しようとしてはいけません。なぜなら、他人が自分を必要としてくれたり、認めてくれたりするのは、あくまで他人のそのときどきの都合です。

ですから、風向きが変われば必要とされることも変わります。非常に不安定です。まるで、つっかえ棒を人に立てて、自分が立っているようなものです。はずされると倒れてしまいます。

自分の存在意義は自分で持ちましょう。一番簡単な方法は、自分が存在しているのですから、「私は私のために生きている」と思うことです。自分自身で、存在意義が持てれば、自分が安定するのがわかります。その安定した状態からこそ本当の愛が出せたり、親切や奉仕ができたりするのです。その結果として、他人から必要とされたり、認められたりすることもあるかもしれません。でも、それが相手の都合でも、今度は、自分は安定していますから大丈夫です。

お釈迦さまも、**「林の中で、餌《え》づけもされず、しばられてもいないシカが食物を求めて欲するところへ自由におもむくように、聡明な人は独立自由を目指して、サイの角のようにただひとり歩め」**、また**「仲間の中にいれば、休むにも、立つにも、行くにも、旅するにも、常に声をかけられる。他人に従属しないためにも放っておきなさい。そして、サイの角のようにただひとり歩め」**と言っています。

他人が認めてくれることで自分の存在意義を確認したりしていると、他人に頼った人生になります。他人の意向で右往左往する人生になります。そうではなくて、自分自身に自分の存在意義を持って、堂々と人生をいきましょう。そのほうが、もし助けるべき人が途上にいれば、勇気と力を持って、助けることもできます。

その堂々とした態度が身についてくると、**「肩がしっかり発育して蓮華《れんげ》の花のように見事な巨大なゾウは、その群れを離れて、欲するがままに森の中を遊歩する。そのように、サイの角のようにただひとり歩め」**のようになります。いいですね。堂々とそのようになりましょう。

67 変えられないものを変えようとしなければ、ほとんどの悩みは解決する

心配や後悔、嫉妬、怒りなどの元になる思考を続けている場合は、アタマの同じところばかりを高速で酷使していますので、すぐにデータが爆発的に増えて、調子が悪くなってきます。つまり苦しくなってくるわけです。

お釈迦さまは、このアタマが思考データでいっぱいになる苦しさを、「五蘊盛苦《ごうんじょうく》」と説明しています。五蘊とは、アタマの中の5つの仕事域のことで、情報の「取得・受信・思考・判断・伝達」域のことです。データが流れていく順番で、「色・受・想・行・識」域とも言います。

「五蘊盛苦」は、思考中はとても苦しいのですが、それが終わると、割と早く消えます。また、消えれば跡形もありません。なぜなら、思考とはプロセスで、まるで電流が流れているようなものですから。たとえば、半年前に夜も眠れぬくらいに心配していたことでも、今なら当時と同じように苦しくなったりしません。プロセスさえ消え

れば、五蘊盛苦の苦しさは自動的に消えます。「現在満杯になっている状態」こそが苦しいのであって、そうでなければ苦しみは感じられないということです。もし、「今もまだ何か苦しさを引きずっている」のであれば、アタマが何か依然として考え続けているわけです。それが苦しみの原因であるなら、それは「忘却」という手続きを取る前に、「整理」という手続きをまず取らなければならないものです。

合理的にそれらの欲求を整理できると、本当に必要な考えるべき欲求は、おそらく10分の1程度に減少するのではないかと思います。理不尽な欲求、つまり「強欲」ですが、それさえやめればいいだけです。変えられないものを変えようとしない。得られないものを得ようとしない。取り戻せない過去を取り戻そうとしない。取れない月を取ろうとしない。時間を逆に回そうとしない。等々。

お釈迦さまも**「足でヘビの頭を踏まないように注意するのと同様に、よく気をつけてもろもろの強欲を回避する人は、この世でこの苦悩を乗り越える」**と、不要な強欲の思考を注意深く避けなさいと言っています。アタマの手綱《たづな》を放していると、アタマが不注意にヘビの頭を踏んでしまって、慌てて走って逃げ回るはめになります。くれぐれも強欲のヘビの頭を踏まないように。

68 「愛してほしい」「認めてほしい」をやめれば、自信が溢れてくる

人間は3歳までの幼いときに、脳の大方が発達をします。同時にたくさんのことを覚えますが、幼いときですから誤った認識をする場合もありますし、大人になっても持ち続けていることもあります。一番多い間違いは、「自分は弱くてひとりで生きていけない」という認識です。その認識がやがて、「ひとりにしないでほしい」「愛してほしい」「認めてほしい」という欲につながっていきます。

確かに、幼いときはひとりでは生きていけませんが、大人になってもそう思っているとおかしなことになります。まるで、自分のことを弱いウサギ程度と思っているようなものです。すると、恋愛をしていても裏切られる怖さで、ビクビクしてしまいます。誰かに叱られると必要以上に意気消沈してしまいます。

お釈迦さまも、**「愛欲に駆り立てられた人々は、罠にかかったウサギのようにばたばたする。束縛《そくばく》の絆《きずな》にしばられ、妄執にしばられ、永い間繰り返し苦悩を受ける」**

「愛欲に駆り立てられた人々は、罠にかかったウサギのようにばたばたする。それゆえに自己の離欲《りよく》をはかって、その愛欲を除き去れ」と言っています。

愛欲とは「愛してほしい」「認めてほしい」などの欲で、それがあるとばたばたともがくように苦しいよ、だからそれを捨てなさいと。捨てるには、その元であった「自分はひとりで生きていけない」という弱い自己認識を変えればいいわけです。

さっそく変えてみましょう。本当は自分は強いライオンだと思ってみます。自分が弱いと思っていると対人関係にも余裕が持てませんが、自分が強ければ怖れや緊張は必要なくなります。

ゾウやキリンにもなってみましょう。それぞれ少しずつ気分が違いますが、とてもリラックスできると思います。そして「何だ、ウサギじゃなくてもいいんだ」と思えたら成功です。また、その状態から出てくる勇気が本物の勇気なのです。それは、誰かを救ったり、愛したりできる本物の勇気です。

ただ、ウサギに馴染んでいた期間が長いですから、またすぐにウサギに戻ろうとアタマはしますので、繰り返し思い直しましょう。するとやがて、「自分は強い」が定着します。自信に溢れてきます。

69 悪いことをしたり、悪いことを考えると、自分の内側から傷つく

手に少しでもすり傷があれば、水がしみて痛いですね。傷口からバイ菌や毒が入ると大変です。でも、手に傷がなければ、少々の毒でも、頑丈な皮膚が跳ね除けてくれるから安心です。それをたとえに使って、「悪」が心に入るのを防ぐ方法を、お釈迦さまが次のように話しています。

「もしも手に傷がないならば、その人は手で毒を取り去ることもできる。なぜなら、傷のない人に毒は及ばない。このように、悪をなさない人には、悪の及ぶことがない」と。しかし、この文章は、わかりにくいですね。ちょっと省略がありますので補ってみましょう。お釈迦さまは、たぶん次のように言ったはずです。

「もしも手に傷がないならば、その人は手で毒を取り去ることもできるでしょう。自分の手に傷のない人には、毒は及びませんからね。ですから手に傷をつけないように、日ごろから悪いことや乱暴なこと、つまり『悪をなさない』ように、いつも注意して

生活しなければいけませんよ。これと同じように、もしも心に傷がないならば、その人は清らかな心で周りを浄化することさえできるでしょう。また、どんなに周りに悪があっても、その人の心に入っていきません。心に傷のない人に悪が及ぶことはありませんから。ですから、いいですか、心に傷をつけないように、日ごろから『悪をなさない』ように注意して生活しなさい」となります。

結局、お釈迦さまの言いたかったのは、もう賢明なみなさんはおわかりになったと思いますが、「悪をなすと自分の心が傷つく」です。

これは、イエスも同じようなことを言っていますね。「口から入るものは自分を汚《けが》さないが、口から出るものは自分を汚す」。人の悪口を言ったら人を汚すと思いますが、そうではなくて、人の悪口を言ったら、その言った言葉、それを発した行為で、すでに自分自身は汚されているとイエスは言っているわけです。これは、道徳としての「人の悪口を言ってはいけません」ではありません。それはそれで正しいのですが、お釈迦さまもイエスも、もっと深い、真からの幸せを言っています。つまり、「人の悪口を言うと、自分がやられるから言うな」と。さらに、「悪いことを考えても自分がやられるから、そもそも考えるな」と親切に注意してくれているわけです。

70 自分に起こった悪いことを、「縁起が悪い」ですませない

自分に起こった悪いことや痛いことが、自分以外の原因で起こったとすると、他人のせいにしたり、神様や悪魔など非科学的なもののせいにしたりします。たとえば、出がけに階段でつまずいて転びそうになったとします。するとすぐに、「わっ、今日は縁起が悪いぞ」と思います。続けて、「何か悪いことが起こりそうだ」と思うかもしれません。このように小さなことでも、横着なアタマは、その原因を「縁起」という非科学的なものに持っていきます。「占い」や「神様」などの「迷いの場」に持っていくのは日常茶飯事、朝飯前です。

そのときに、「アタマは迷っている」と気づきましょう。そして、その迷いから脱出するには、「今日の縁起の悪さのすべては、あのつまずきですんでしまった。だからもう安心だ」とかの方便も有効です。一応アタマを迷いの場から抜けさせます。

そして、アタマが正常に戻ったら、「さっきは縁起かと思ったけど、原因は新しい

靴で先が少し長いから、縁石にひっかかっただけだ」と科学的な検証ができます。

アタマは横着で、すぐに迷いの方向に行きますから、まずはそれを素早く発見してください。そして、正しい見解へと進んでください。

このコツがわかると、お釈迦さまも一気に悟りに近づけると言っています。


「真実でないものを真実であると思い、真実であるものを真実でないと思う人は、あやまった思いにとらわれて、常に迷い苦しむ。真実であるものを、真実であると思い、真実でないものを真実でないと思う人は、正しい思いに従って、ついに悟りに達する」


未開な古代人は、雷を聞いて「ああ、神様の怒りだ」と簡単に「迷いの場」に向かいます。それを「科学」にするのは、知識や観察力など科学的な態度が必要です。

でも、すべてが科学でわかるわけでもありません。「なぜ私は地球に生まれたのか」等、わからないこともあります。それはそのまま、わからないままにしておきましょう。実はそれが一番、科学的な態度です。「迷いの場」に持っていって、あたかもわかったふうにしていると、いずれその迷いで、自分自身がこっぴどくやられてしまいます。

71 心が悪事を楽しみ出す前に、善いことはすぐに行動に移す

「善は急げ」ということわざがあります。たとえば、「あっ、そうだ。この前、ピンチになったときにあの人に助けてもらったから、お菓子を持ってお礼に行こう」と「善いこと」を思いついたとします。

ここでお釈迦さまは、**「善をなすのを急げ。悪から心を退けよ。善をなすのにのろのろしたら、心は悪事を楽しむから」**と、思いついたらすぐに行動しなさいと言っています。

では、悪事とはどんなことでしょう。試しに、のろのろしている場合を想定してみましょう。「ええと、お礼に行くのは、今日じゃなくて、明日でもいいかなぁ」とのろのろしはじめた場合です。

すると、すぐに心は、「でも、明日も忙しいし、お礼をわざわざ持っていかなくてもいいんじゃないかなぁ。誰だって困ってる人を助けるのは当然なんだし、それに別

に助けてくれって言ったわけじゃないし。そのうえ、お菓子を持っていくなんて、大げさ過ぎるかもしれない。明日持っていっても留守だと困るし、行く前に電話でアポをとると、気にしなくていいですよって断られるかもしれない。今度会ったときに、ありがとうって言えばすむことなんだし。でも、来月会っても言い出せないかもしれないなぁ。来月だと、今さらお礼を言われてもって感じになっちゃうし、古い話になってしまっているし、ああ、どうしよう…もうお礼のことなんか忘れようか。あんなことは、お礼するほどのことじゃないってことかもしれないしね。たぶん」

なるほど、アタマはさっそく「悪事」を楽しみはじめました。お釈迦さまが「善をなすのを急げ」と言った意味の大切さがわかりますね。時間を与えてアタマに考えさせると、アタマは常に、いかに経済的に、安全に、省エネで、事を運ぶかを考えますから、そうすると結局何もしないのが一番経済的で、安全で、省エネだという結論に向かってしまうのです。

このように、のろのろしていると、せっかく感謝の気持ちがあったのに、それすら消えてしまいました。それでは、もったいないですね。せっかく善いことを思いついたのですから、それが消える前に急いで実行しましょう。「善は急げ」です。

もっと知りたい
お釈迦さま

「八正道」って、なに？

苦しみを取り除くための８つの正しい道として、「正見《しょうけん》、正思惟《しょうしゆい》、正語《しょうご》、正業《しょうごう》、正命《しょうみょう》、正精進《しょうしょうじん》、正念《しょうねん》、正定《しょうじょう》」があるとお釈迦さまが言っています。八正道《はっしょうどう》といいます。お釈迦さまは、アタマの中の作業域を五蘊、つまり外側から順に「取得域」「受信域」「思考域」「判断域」「伝達域」の５つと、その奥に続く３層、つまり、「プログラム域」「解釈域」「記憶域」の３つ、合わせて８領域に分けています。それぞれの場所で、アタマが間違いなく正しく働けば、苦しみはないのだと言っているわけです。その８域に対応して、八正道というわけです。

たとえば、言われた言葉を自分勝手に「馬鹿にされた」などと悪いほうに解釈して、思わず腹を立ててカリカリしているのは自分のアタマが間違っています。それは「思考域」で正しい思考が行われていない、つまり「正語」だとはいえません。経験したことを誰かのせいだと間違って覚えて、恨んでいるかもしれません。それは「解釈域」で正しい解釈が行われていない。「正念」とはいえません。そのように、正しくない動きがあると、いずれも苦しみを発生させることになります。

ですからお釈迦さまは、「苦しみは、自分のアタマが作り出しているのだから、そのアタマを正しく働かせれば、苦しみはなくなるよ」と言っているわけです。アタマの中の作業域は、８域あるので、８域のそれぞれで、アタマを正しく働かせればよい、つまり、八正道というわけです。

今度、苦しいと思ったときに、いったいどこが間違っているのか、おぼろげでもいいですから自分でチェックしてみましょう。すると、お釈迦さまが言うように、次第に正しくアタマを使えるようになっていきます。

第X章

本当の幸せが手に入る
言葉の処方箋

72

理解するだけでは前に進めない。実践すればするだけ幸せになれる

お釈迦さまはいろいろと幸福になる方法、コツ、ワザを話してくれています。それらは、まるで人生を幸せに進めるための処方箋のようです。

それを聞いて、「うん、そうか。『比較し過ぎてはいけない』のだな」と理解はするのですが、それだけでは真の幸福には向かえません。それを聞いて「そうか、『欲張り過ぎてはいけない』のだな」と理解はするのですが、それだけでは真の幸福には行けません。

自分で「実践」してはじめて、「ああ、なるほど、こうすれば幸福になれるのだ」「ああ、本当だ。とても気分が良くなった」「なるほど、ハッピーだ。嬉しい」という実感が得られるのです。

お釈迦さまは、「たとえためになることを数多く語ったとしても、それを実践しないならば、まったく前に進めない。まるで、牛飼いが他人の牛ばかりを数えているよ

うなものだ。実践しなければとても修行者とは言えない」と厳しいことを言っています。

それはそうです。自分の実感として、心から笑顔になったり、気持ちが弾んだり、考えが明るくなったり、優しい気持ちになれなければ意味がありません。

それには、やってみること、つまり実践が大切ですが、まずは「心配」や「後悔」や「嫉妬」等に走り出すアタマを的確につかまえることです。しかしこれは、思ったほど簡単ではありません。ですから実践を開始すると必ず、「私のアタマは、何てすばしっこいのだ」「私の欲は、何て強力なのだ」「私のアタマは思ったよりずっと手強いなぁ」などという感想が出てくると思います。それが出てくるようなら、やっと本当にお釈迦さまの処方箋の実践を開始したということです。

それは、「比較し過ぎてはいけない」と理解だけしていたレベルとは違います。

「あれっ、なになに、どうして？　なぜ私は今、比較してしまったのだろう。アタマは早いなぁ。超早い」とかのつぶやきになるかもしれません。実際に、自分のアタマと「格闘」をしはじめるとそうなります。それが実践です。

そして、実践すればするだけ、着実に幸福への道を進むことができます。

73 非難されても、ほめられても、動じない人になる

人に非難されたり、馬鹿にされたりすると、誰だって嫌な気分になります。しかし、ほめられれば悪い気分にはなりません。むしろ嬉しくなったり、良い気分になります。良い気分には何回なっても、それは良い気分ですから構いませんが、悪い気分になることは、何としても避けたいものです。

人から非難されても馬耳東風で、心が動かないようになればいいのですが、なかなかそうもいきません。非難されたり、指摘されたりすると、すぐに心は大きく動いてしまいます。そして、自分自身が振り回されてしまいます。

お釈迦さまは**「ひとつ岩の塊が風に揺るがないように、賢者は非難と賞讃とに動じない」**と言っています。「岩のように動かない、ぜひそうなりたいものですね」と、この言葉を読んではいけません。それでは、せっかくのお釈迦さまのヒント満載の言葉のポイントがわかっていないことになります。

ポイントは「非難と賞賛とに動じない」です。非難されても動じないが、賞賛されても動じないということです。非難されたときは動じないが、賞賛されたときは喜ぶというのでは、それでは賢者ではない。どちらの方向にも動かないこと岩のごとしというわけです。

お釈迦さまは、きっと丁寧に説明してくださったと思いますが、伝わっている『ダンマパダ』では、その説明が消えてなくなっていますので、ここで代わりに説明します。

けなされて悔しい、ほめられて嬉しいは、同じひとつの判断プログラムで動いています。毀誉褒貶《きよほうへん》は、同じ天秤上でその傾きで計測されます。その天秤の上に自分が乗っているわけです。ですから、もし非難されて動くのであれば、賞賛されても動きます。賞賛されても動かなければ、非難されても動きません。そのときはその天秤上に自分は乗っていないということです。ほめられたい欲がないわけです。

でも、それではほめられる楽しみがなくなると思うかもしれませんが、安心してください。本当の楽しみや喜びは、その天秤上ではなくて、別のところにあります。不安定な天秤からおりたところに、盤石《ばんじゃく》の本当の自分の幸福があるのです。

74 つまらない欲を捨てることで、広大な楽しみを手にすることができる

お釈迦さまは、あちらこちらで「欲を捨てなさい」「執着をなくしなさい」と言っています。欲望が達成されることによって得られる幸福しか知らない私たちは、欲をなくして、いったい何が楽しみとして残るのだろうと思ってしまいます。それでは、楽しみのない、輝きの失われた人生になってしまうのではないか、と心配になります。ところがお釈迦さまは、欲を捨てて執着を捨てて、心がきれいになると、その途端に広大な楽しみ、幸福を手にすることができると、こう言います。

「つまらぬ快楽を捨てることによって、広大なる楽しみを見ることができるのである。心ある人は広大な楽しみを望んで、つまらぬ快楽を捨てよ」と。

アタマは常時、欲のために働いています。そのアタマが欲を達成したときに感じるものが快楽です。快楽を求めてアタマはひたすら働きます。それはアタマの特性ですし、よく働いてくれているとほめてもいいことです。「認めてほしい。認めてくれる

と、私は喜べる」「愛してほしい。愛してくれると私はハッピーだ」などなど、欲求とそれを追いかけて達成される幸せ、快楽、幸福をアタマは常時追及しています。

でもそれは、アタマが自分のために働いているだけで、その働きが消えたときの広大な楽しみを知っているわけではないのです。アタマから「自分」が消えたときの広大な楽しみとは、たとえば「欲」が消えると「愛」が溢れますが、その「愛」が溢れているときに感じる温かい充実感、喜び、言葉ではうまく表現できませんけど、ものすごく幸せな気持ち、ああ、生きてるなぁという感謝、感激、感動などです。それは、アタマが消えてしまったときに自動的に起こります。そして、それは小さな快楽とは比べものにならないくらい宇宙的で広大です。

つまり、欲や執着がすべて消えると、すぐに「広大な楽しみ」が得られるわけです。得られるというより、覆い隠されていたものが現れ出る。それくらい確実に得られます。宝物を覆い隠していたシーツや毛布を取り除くと、その下から光輝く宝物が出てくる。つまらぬ快楽を捨てれば、広大なる楽しみを見つけられるとわかります。ですから、欲や執着を捨てることこそが、人生をより快活にハッピーにすることになるわけです。

75

欲望にはキリがない。欲がなければ本当の幸せが手に入る

人は誰もが幸せになろうと、いろいろな欲を追いかけて生活しています。でもお釈迦さまは、とても大切なこと、そして忘れやすいことを次のように言いきっています。

「人は欲望によっては決して満足することはできない。明らかな知恵をもって満足することだ。明らかな知恵で満足した人を、愛執《あいしゅう》が支配することはない」

この「愛執」という言葉は、古代インドのパーリ語の訳で、今風に言えば「強欲」「欲張り」「執着」「嫉妬」の部類です。愛がついていますが、「愛執」は「強欲」と同様に悪い意味です。

「明らかな知恵をもって満足した人を、愛執が支配することはできない」。つまり、明晰な知恵が満ちている人に、蒙昧《もうまい》な執着等がつけ入る隙はないと言っています。実に簡明ですね。

欲には「肉体の欲」と「概念の欲」の2種類があります。確かに、欲を追いかけて

も決して満足できないのですが、ここで言っているのは「概念の欲」のほうで、それはアタマが考えているものなのでキリがありません。

「肉体の欲」は、お腹いっぱいに食べるともう食欲はなくなります。ぐっすり睡眠をとると、もう眠くなくなります。

でも概念の欲は、**「たとえ貨幣の雨を降らすとも、欲望が満足されることは決してない」**とお釈迦さまも言うとおり、預金残高がひと桁増えても、さらにもうひと桁増えてほしいと思います。地位が一段上がれば、さらに上にと思います。大帝国を打ち立てたアレキサンダー大王は、さらに領土拡大を目指して死ぬまで欲が満足しませんでした。たぶん、地球を征服したら宇宙を征服したいと思うのでしょう。もし、世界で一番尊敬されたとしても、認められたい欲は満足せずに、歴史上で一番尊敬されたいになるでしょう。このように概念の欲望には際限がないのです。ですからいつまでも満足になることはありません。

でも「明らかな知恵」で満足するのならOKだと、お釈迦さまは言っています。明らかな知恵とは、その「概念の欲」そのものがない状態のことです。欲がなければ不満も起きません。そこではじめて不満のない本当の幸せになれるというわけです。

76 感謝の思いを少しずつ積み重ねていくと、幸せになれる

誰でも幸せになりたいと思います。そのために、勉強したり、頑張ったり、努力したりします。良いことです。人間としての成長です。でも、現実は心が望むことが全部叶うものではありません。現実が厳しいからではなくて、要求が大き過ぎるから叶わないこともたくさんあります。すると、満足になれないわけですから、不平や不満をずっと抱えることになります。このように、幸福になりたい欲が大き過ぎると、かえって不幸になりやすくなります。

お釈迦さまは、「ですから、欲を捨てなさい」と言っているようですが、そう簡単にはできませんね。そこでこうします。実は、「愛」と「欲」は反対の事柄ですから、欲を心から捨てるのは、愛を心に満たすことと同じ意味です。「欲」を消そうとすると「愛」を増やせばいいわけです。暗い新月が欲だとすると、それを満月にしようと思えばいいわけです。つまり、光を当てればいい。同じ月でも、三日月もあれば、満

月もある。感謝や愛という明るい部分を増やすと、欲という暗い部分が減るので、結果としては、欲を減らすのも、愛や感謝を増やすのも同じことだというわけです。

では、愛や感謝を大きくするには？　何もしないで待っていてもちっとも大きくなりませんが、小さな感謝でも積んでゆけば大きくなります。ちょっと積み木を積み上げるように努力すれば、誰でもできます。

お釈迦さまも、**「その報いは私にはこないと思って、善を軽んずるな。水が1滴ずつしたたり落ちるならば、水瓶でも満たされる。水滴を少しずつでも集めるように善を積むならば、やがて福徳《ふくとく》に満たされる」**と言っています。

たとえば、朝起きたら「ああ、生きてるな。感謝、感謝」。大きな欠伸をしたら、「ああ、酸素がふんだんにあるな。感謝、感謝」。喉が渇いてコップで水を飲んだら「ああ、水が簡単に手に入ったな。感謝、感謝」と、何にでも感謝していきます。

すると、この世に生きていることは、生かされていることで、それはいくら感謝してもしたりないことなのだとわかります。水瓶がいっぱいになると圧倒的な実感を伴って、この地球に優しい人々と一緒に生きていることの素晴らしさや、言葉に尽くせない恩恵に涙がこぼれそうになります。

77 「欲」を払拭して心を「愛」で満たせば、極上の楽しみが手に入る

人生には、いろいろな貴重なこと、大切なことがあります。お釈迦さまは、「**人生において、健康は最高の報償。満足は最上の宝。親愛は最良の喜び。そして、ニルヴァーナは極上の楽しみだ**」と言っています。

ニルヴァーナは、「涅槃《ねはん》」などと訳されます。とても気持ちのいい、喜びに溢れた至福の悟りの状態のことです。

ニルヴァーナの至福を手に入れた人が、もし誰かに「素晴らしいですね。私もそれが欲しいです。それをください。トラックいっぱいのダイヤモンドと交換しましょう」と持ちかけられても断るでしょう。トラックいっぱいのダイヤモンドをもらっても邪魔になるだけで意味がないからです。それほど価値のあるものです。

実際に人間は、「財産が楽しい」わけではありません。財産を持っているという気分が楽しいのです。ダイヤモンドで直接、気分が良くなるのではありません。ダイヤ

モンドを持っているという考えで、気分が良くなるのです。イミテーションでは気分は良くなりませんが、本物なら気分が良くなります。つまり、本物だと思うこと、その「考え」を介して、裕福な気持ちになり、気分が良くなるのです。

ところが、ニルヴァーナの状態に至れば、何も介在しないで、直接「気分が良い」になります。最高の幸せになります。「極上の楽しみ」と言われるほどです。であるなら、もう財産もダイヤモンドも、名誉も何も不要です。

悟る目的は、人間性を高めたり、真摯な態度を養ったり、考え方や行動を正しくすることのように思いますが、お釈迦さまは「悟る目的とは最終的にはニルヴァーナに達して、それを楽しむことだ」とさらりと言っています。

そして、お釈迦さまは心底親切ですから、できないことを言ったりはしません。誰でもお釈迦さまの言うことをよく聞いて、学習したり練習すると到達できることです。お釈迦さまの教えをひと言で言えば、心の中から「欲」を払拭して、心の中を「愛」で満たせばいいわけです。

すると、効果としては、とても幸せな気分になれます。それは、極上の楽しみ、至福だというわけです。

78 欲望を追って蛇行している心を矯めて、まっすぐに生きる

水は自然のままですと、グニャグニャと蛇行して流れます。昔はその水をまっすぐに導く専門家がいました。その水道を造るプロの職人は、水の流れる道をまっすぐにすることに専心していました。

矢は自然の木を使いますが、それが曲がっていては用をなしません。矢を作るプロの職人は、素材をまっすぐにすることに意を尽くしていました。矢を矯《た》めるといいます。

曲がった木では上手に家が建てられません。プロの大工さんは、まず木材をまっすぐに整えることからはじめました。木を矯めるといいます。

水道を造るとか、矢を作るとか、家を建てるとか、最終目的ははっきりしていますが、すぐにそっちに向かわないで、まず、そのもとになる基礎となる部分にしっかり力を入れるということです。そうすることによって、その後の作業が容易にきちんと

無駄なくできることを、プロの職人はよく知っているのだともいえます。

同じように、心を整えるのに、まず「基礎」から、しっかり整える作業から入るのが正しいのです。そのほうが効率的なのです。その基礎とは、「自分を整える」ことだとお釈迦さまは言っています。**「水道を造る人は水をまっすぐに導き、矢を作る人は矢を矯め、大工は木材を矯める。このように自分を導き整える者は賢者である」**。

お釈迦さまは、「幸せになろうとしたら、枝葉末節のことからするのではなく、基本をしっかりしなければならないよ。自分が曲がっていると、効率良く進まないよ」と言っているわけです。

欲望を追いかけて心がグニャグニャと蛇行しているようでは、幸せにはなれません。そうではなくて、欲望を追いかけようとするその心をしっかり矯めてまっすぐにすることです。つまり、自分を整える。それが、プロの達人の仕事だというわけです。

とても、厳しい言葉でもありますが、忘れやすいのでお釈迦さまが釘を刺して言った言葉なのでしょう。自分のど真ん中から、まっすぐにしていかなければならないということです。聞いただけで、背筋が伸びますね。

79

幸福になるには、うちにある本来の幸福に気づくこと

欲を達成すると、人間は幸福を感じます。その欲には2種類あります。大切なので復習すると、ひとつは肉体的な欲で、もうひとつは精神的な欲です。

お腹が空いたので「苦しい」、食事をとってその欲が満たされると「幸福」を感じます。食欲はもう消えています。係長から課長に昇進して欲が満たされると幸福を感じます。ところが、昇進欲は一旦消えたようですが、しかし、すぐその次に部長になりたいとか、役員になりたいとか思います。精神的な欲は、一旦満たされても消えることはありません。「認めてほしい」「お金が欲しい」「愛してほしい」「大きな家が欲しい」「名誉が欲しい」どのような精神的な欲もすべてキリがありません。

お釈迦さまも、「欲望を叶えたいと望み貪欲が生じた人が、もしもうまくいくならば、彼は実に人間の欲するものを得て、心に喜ぶ」「欲望を叶えたいと望み貪欲の生じた人は、やがて欲望を果たすことができなくなり、彼は矢に射られたように悩み苦

しむ」と言っています。たとえ一旦は満足して喜んでも、キリのない欲望は、やがて果たすことができなくなり、従って必ず苦しむことになります。

そこで、普通はそのような強欲を出さないように注意しようと思い、欲しいと思わないようにしようと我慢します。抑圧します。あるいは欲しくないと見栄を張ります。しかし、それらはいずれも「欲しい」という思考が起こったあとに起こってきた情動をおさえつけようとしていますから、苦しさが消えることはありません。さらに苦しくなるわけです。元の欲望を消さなければ無理です。

その消す方法は、まず、欲しいと思っている自分がいることを認めます。お金をもっと欲しいと思っている自分がいると素直に認めます。この見方、この思い方を練習してください。しっかりできるようになると、欲しいと思っている自分と、それを見ている自分は違う自分だと実感できます。欲は単にアタマが次々に思考して欲に仕立てる仕事をしているだけだとわかります。アタマのその作業を「見ている自分」のほうの立場に立てると、どこにも不幸はありません。いつも幸福のままでいられるようになります。なぜなら心の一番奥には、もともと欲が何もないからです。そこにあるのは愛だけなのですから。

80 不幸も幸福も自分の責任や手柄でないことに気づけば、幸せな人生を歩める

幸せな人生を送るにはどうしたらいいのでしょうか。そう思って、人は日々努力しますが、なかなか思うようにいきません。そこで、どう考えれば幸せになれるのか、発想の転換が必要です。

自分で自分の人生を改善しようとするのは良いことですが、それが行き過ぎて「自分で自分の人生をどうにかできて、しかも、人生に対して責任がある」などと考えるから、それが不幸の元になるわけです。

人間がひとりでできることはあまりありません。自分の人生も、多くの人に関わり合い影響されています。その多くは自分の責任ではありません。邪魔されていると思えば不幸ですが、支えられていると思えば感謝になります。

自分の人生は、自分も含めた多くの人々で運ばれています。自分でできることはほんのわずかです。ですから、自分の不幸は自分の責任ではありません。と同時に、自

分の幸福も自分の手柄ではありません。

お釈迦さまも、**「一切の事物は自分の物でもなければ、自分の思うようにもならない。そのように明らかな知恵をもって見るときに、人は苦しみから遠ざかり離れることができる。これこそ人が清らかになる道である」**と言っています。

明らかな知恵で全体が理解できると、「思い通りにならないのだから、不幸だ」と思うのではなく、逆に「ほんのわずかの努力だけで、自分の人生が運ばれているのだから、素晴らしいことだ」ということに気がつけます。

太陽や水や空気が、努力しないでふんだんに与えられているように、多くの人々からも多くのサポートをふんだんに与えられています。それに気づけば、不平や不満を言うことはなくなります。感謝の気持ちが溢れてきます。

確かに、日々、多くの恩恵があって、私たちは生かされているわけです。

そのことに気がついて、そして、その観点を忘れずに生きていきましょう。実はそれが、幸せな人生を進む本道なのです。愛と感謝に溢れて楽しく生きていきましょう。

おわりに

いかがでしたか。お釈迦さまの教典の中では割に古い部類に属する『ダンマパダ』を主に参考にして、どうすれば自分の人生をより充実させて、より豊かで幸せなものにできるかを解説してきました。

『ダンマパダ』には、とてもありがたいお釈迦さまの教えが、たくさん入っているのだなとおわかりになっていただけたと思います。さらにご興味のある方は、ぜひ『ダンマパダ』の全文をお読みください。ただし、それを書き留めたのは、それらを聞いてから相当年数がたってからですし、そのときの状況が詳しく書かれているわけではないと思いますので、お釈迦さまが本当にそのとおり語ったとはいえないかもしれません。

しかし、そのような前提があるとしても、やはり『ダンマパダ』は教えの宝庫です。たくさんのありがたい教えが詰まっています。その古い宝物を発掘するには、まず周りの土を上手に除去して、次にその宝物についている泥やサビを丁寧に拭き取って、さらに欠けているところがあれば、そこを最大の注意をもって補修して元の形に戻す作業をする必要があります。するとやっと宝物が姿を現し、輝くわけです。そのような地道な作業をすると、ありがたい言葉がたくさん残っていることがわかります。

今回、この本を執筆するにあたり、そのような楽しい発掘作業をしている感じがしました。また、時にはお釈迦さまと対話しているような気分にもなりました。

このような楽しい作業の機会を与えていただき、また貴重な示唆、助言を多々いただいた編集の福田尚之様はじめ、ご協力いただいた多くの方々に、この場をお借りしてお礼を申し上げたいと思います。心より感謝します。どうもありがとうございました。

宝彩有菜

「お釈迦さまの言葉」引用索引

本文で紹介したお釈迦さまの言葉（太字部分）は、お釈迦さまの代表的な経典の『ダンマパダ』『ウダーナバルガ』『スッタニパータ』からの引用です。カッコ内の記号と数字で、それぞれの言葉がどの経典のどの項番かをご紹介します。

D=ダンマパダ（Dhammapada／真理の言葉、法句経）
U=ウダーナバルガ（Udana-Varga／感興の言葉）
S=スッタニパータ（Sutta-nipata／仏陀の言葉）

第1章 生きるのがグッと楽になる言葉の処方箋

1 「心の中に浮かぶ物事はすべてアタマの思考作用によって現れる。感情も同様である。どんな感情も思考が先行して作られる。だから、もしも悪い思考を走らせたなら、苦しみはその人につき従う。まるで、牛車の牛の足跡に車輪がついていくように」（D001）
「また、もしも良い思考を走らせたら、福楽はその人につき従う。まるで、影がその身体から離れないように」（D002）

2 「自己に対してまるで仇敵に対するように振る舞うのは、愚人である」（D066）

3 「思慮ある人は奮い立ちつとめ励み、しっかり自分を見据えて、激流も押し流すことのできない島をつくれ」（D025）

4 「恥じなくてよいことを恥じる人は、邪な見解を抱いて、心が地獄におもむく」（D316）

5
「好ましいものも、好ましくないものも、ともに捨てて、何ものにも執著せず、こだわらず、もろもろの束縛から離脱しなさい。すると正しく人生を歩める」（S363）
「世の中の遊戯や娯楽に心ひかれることなく、身の装飾を離れて、わき目を振らず、サイの角のようにただひとり歩め」（S059）

6
「欲望ばかりを追いかけているうちに、気がついたら一生が終わってしまう。花を摘むのに夢中になっている人を、死がさらっていくように」（D047）

7
「心はとらえがたく、軽々とざわめき、欲するままに走り回る。その心をおさめることは良いことである。心をおさめたならば安楽をもたらす」（D035）

8
「一切の形成されたものは無常であると明らかな知恵をもって見るときに、人は苦しみから遠ざかり離れる。人が清らかになる道である」（D277）
「一切の形成されたものは苦しみであると明らかな知恵をもって見るときに、人は苦しみから遠ざかり離れる。人が清らかになる道である」（D278）
「一切の事物は我ならざるものであると明らかな知恵をもって見るときに、人は苦しみから遠ざかり離れる。人が清らかになる道である」（D279）

第Ⅱ章　穏やかな心を取り戻す言葉の処方箋

9
「正しい知恵によって解脱して、やすらいに帰した人、そのような人の心は静かである。言葉も静かである。行いも静かである」（D096）

10
「御者が馬をよく馴らし穏やかにするように、おのが感官を静め、高ぶりを捨て、穏やかで汚れのなくなった人、このような境地にある人を神々でさえもうらやむ」（D094）

11 「恨みを抱いている人々の間にあって恨むことなく、我らは大いに楽しく生きよう。その人々の間にあって恨むことなく、我らは暮らしていこう。悩める人々の間にあって悩みなく、大いに楽しく生きよう。その人々の間にあって、悩みなく暮らそう。貪っている人々の間にあって、患いなく大いに楽しく生きよう。その人々の間にあって、貪らないで暮らしていこう」(D197〜199)

12 「殺す人は殺され、恨む人は恨まれる。罵倒する人は罵倒され、激怒する人は激怒される」(U14―03)
「恨みを消すには、仕返しをしたり恨みを晴らす方向では消えない。恨まなければ、すぐに消える」(D005)

13 「嫉妬をするとすぐに勝ち負けの勝負になる。勝負を捨てると嫉妬も捨てられる。すると、すぐに穏やかな気分になれる」(D201)

14 「邪悪なことを目指している自分の心は、憎む人が憎む人に対し、恨む人が恨む人に対してするどんなひどいことよりも、もっとひどいことを自分自身にしてしまう」(D042)

15 「心を制するのは楽しい。汝らは心を守れ。怠るな。心がよく守られているならば、誰でも悟りの安らぎに到達できる」(U31―60)

16 「走る車を馬をおさえて止めるように、むらむらと起る怒りを欲をおさえて止める人、彼を我は御者と呼ぶ。他の人はただ手綱を手にしているだけで欲を御していない。だから御者と呼ぶにはふさわしくない」(D222)

第Ⅲ章 不安や不満がスーッと消える言葉の処方箋

「あれこれ考えて心が乱れ欲望がうずくのに、その欲望を追うのが正しいと思っている人は、欲望がますます増大する。そのような人は、実に自分で自分をしばっているようなものである」(D349)

17 「あれこれの考えを静めるのを楽しみ、そのような欲望が起こってくることを常に見逃さないでいる人は、ついに悪魔のような苦しい束縛から自由になれる」(D350)

18
「実にさまざまな甘美な欲望があり、それらはすべて心配につながる。この患いがあることを見て、ひとりサイの角のように歩め」（S050）

19
「もしも人が、『不満の思い』の元を根絶やしにしたならば、彼は昼も夜も心の安らぎを得る」（D250）

20
「人々は自我観念を頼り、他人という観念にとらわれている。このことわりを或る人々は知らない。実に彼らはそれを身に刺さった苦しみの元の矢であるとはみなしていない」（U27−07）
「ところがこれこそが人々が執着しこだわっている苦しみの元の矢であると明らかに見た人は『我がなす』という観念に害されることはない」（U27−08）

21
「この世の禍福いずれにも執著せず、憂いをなくし、汚れをなくし、清らかに、そのように注意深く生活している人が、人生の達人になれる。幸せになれる」（D412）
「蓮葉の上の露のように、錐の尖の芥子のように、もろもろの欲情に汚されない、そのように注意深く生活している人が、人生の達人になれる。幸せになれる」（S625）

22
「朋友、親友に憐れみをかけ、心がほだされるのは自他ともに良くない。親しみにはこの恐れのあることをよく理解して、放っておきなさい。そして、ひとりサイの角のように歩みなさい」（S037）

23
「常に身体のことを思い、すべきことをして、すべきでないことはしない。このように常に心がけている人にはもろもろの汚れがなくなる」（D293）

第IV章　心がどんどん明るくなる言葉の処方箋

24
「叶わぬ想念を焼き尽くして、余すところなく心の内がよく整えられた人は、過去の後悔も、未来の心配も共に捨て去る。ヘビが脱皮して古い皮を捨て去るようなものである」（S007）

25
「前を捨てよ。後を捨てよ。中間を捨てよ。過去、未来、現在のあらゆる事柄について心が解脱すると、もはやどんな苦しみも受けることがないであろう」（D348）

26
「これは執著である。楽しみは少なく、快い味わいも少なく、苦しみばかりが多い。これはまるで魚を釣る釣り針であると知って、賢者は、サイの角のようにただひとり歩め」（S061）

27
「心を沈めるな。また、やたらに多くのことを心配するな。淡々とこだわらず清らかな行いを究極の理想とせよ」（S717）

28
「妄執から憂いが生じ、妄執から恐れが生じる。妄執を離れたならば憂いも存しないし、どうして恐れることがあろうか」（D216）

29
「水滴が1滴ずつでも滴り落ちれば、やがて水瓶でも満たされるように」（D122）

30
「我々は一物をも所有していない。でも、大いに楽しく生きていこう。光り輝く神々のように、愛や喜びに溢れて生きていこう」（D200）

31
「麗しくあでやかに咲く花でも、香りのないものがあるように、善く説かれた言葉でも、それを実行しない人には実りがない」（D051）

32
「怒らないことによって怒りにうち勝て。善いことによって悪いことにうち勝て。分かち合うことによって物惜しみにうち勝て」（D223）

「人間として生まれてきたことも、この世で寿命を持って生きているのもありがたい。幸せになれる良い教えを聞けるのも、この世で素晴らしい人々と生きていけるのもありがたい」（D182）

第V章　人間関係の悩みが消える言葉の処方箋

33
「心を煩悩で汚すな。思いが乱れるから。善悪の計らいを捨てて目覚めている人は、何も恐れるものはない」（D039）

34
「壊れた鐘のように声を荒らげないならば、汝は安らぎに達するであろう。そのコツを知ると、汝はもはや怒り罵ることがなくなるだろう」（D134）

35 「凡夫は欲望し貪り執著しているが、眼ある人はそれを捨てて道を歩め。するとこの世の地獄を超えられる」(S706)

36 「悪い友と交わるな。卑しい人と交わるな。善い友と交われ。尊い人と交われ」(D078)

37 「愚かにも悪い見解にもとづいて、真理に従って生きる真人・聖者たちの教えを罵るならば、その人には悪い報いが熟する。カッタカという草は、果実が熟すると自分自身が滅びてしまうように」(D164)

38 「アトゥラよ。これは古今東西ずっと変わらぬことだが、沈黙している者も非難される。かといって、多く語る者も非難される。では、少しだけ語る者はどうかといえば、それも同じように非難される。すべからく、この世にまったく非難されない者はいない」(D227)
「ただ非難されるだけの人、また、ただほめられるだけの人も、過去にもいなかったし、未来にもいない。そして、現在にもいない」(D228)

39 「欲情から憂いが生じ、欲情から恐れが生じる。欲情を離れたならば、憂いは生じない。どうして恐れることがあろうか」(D215)

40 「貪っている人々の間にあっても、我々は貪らないで楽しく生きていこう。貪っている人々の間にあっても、我々は貪らないで暮らそう」(U30–43)

第VI章　人との縁に恵まれる言葉の処方箋

41 「旅に出て、もしも自分の道と同じ道(正しい道)を歩む者がいないなら、むしろきっぱりとひとりで行け。別の道(間違った道)を歩んだり、行こうとしている者を道伴れにしてはならぬ」(D061)

42 「実に、身にそぐわぬ虚しい尊敬を得ようと願うのは愚かなことである」(D073)
「好きな人だからといって馴染んではならない。人はそこで打ち砕かれてしまう」(U10–16)

43 「恥ずべきでないことを恥じ、恥ずべきことを恥じないで、恐ろしくないことを恐れ、恐ろしいことを恐れない人は、その邪悪な見解により自ら苦悩することになる」(U16―04)

44 「聡明な人は順次に少しずつ、一刹那ごとに、見つけ次第おのが汚れを除くべし。鍛冶工が銀の汚れを除くように」(D239)

45 「その行いが親切であれ。何ものでも分かち合え。相手の幸せを願って善いことを行え。そうすればするだけ、喜びに満ち、苦悩を滅するであろう」(D376)

46 「深い湖が澄んで清らかであるように、賢者はまことを聞いて、心清らかである」(D082)

47 「水が水瓶に半分しかないと、欠けて足りないものばかりに目をつけて音を立てるのは愚者である。豊かに水が満ちた湖のように、愛に満ちてまったく静かなのは賢者である」(S721)

48 「インドラ神は、つとめ励んだので、神々の中での最高の者となった。つとめ励むことを人々はほめたたえる。放逸なることは常に非難される」(D030)
「もろもろの御仏の現れたまうのは楽しい。正しい教えを語り合うのは楽しい。集いが和合しているのは楽しい。和合している人々がいそしむのは楽しい」(D194)

第VII章 思い通りの自分になれる言葉の処方箋

49 「本来の自己こそ自分の主である。アタマがどうして自分の主であろうか? アタマをよく整えたならば、得がたき主を得る」(D160)

50 「自分の目的をよく知って、そらさず自分のつとめに専念せよ」(D166)

51 「他人のことを見るなかれ。他人のしたことと、しなかったことを見るな。ただ自分のしたことと、しなかったことだけを考えよ」(D050)

52 「他人の過失を探し求め、常に怒り哮る人は、煩悩の汚れが増大するばかりで、彼は煩悩の消滅から遠く隔たっている」(D253)

53 「およそ苦しみが起こるのは、すべて動揺を縁として起こる。もろもろの動揺が消滅するならば、もはや苦しみの生ずることもない」(S750)

54 「よく覚めて、心を正しくおさめ、執著せず、貪らず、煩悩を滅ぼし尽くすと、人はこの世においてまったく束縛から解きほごされ笑顔で輝やく」(D089)

55 「走っても早過ぎることもなく、遅過ぎることもなく、この世はすべてアタマが認識したようにしか自分では知れないのだと知った者は、この世とかの世とをともに捨て去る。まるで、ヘビが脱皮して古い皮を捨て去るように」(S013)
「5つの蓋いを捨て、悩みなく、疑惑を越え、苦悩の矢を抜き去られた者は、この世とかの世とをともに捨て去る。ヘビが脱皮して古い皮を捨て去るようなものである」(S017)

56 「岸に下りてゆく階段の整備されている河は楽しい。理法によって打ち勝った勝利者は楽しい。明らかな知恵を得ることは常に楽しい。自分が中心という慢心を滅ぼすことは楽しい」(U30-24)

第VIII章 やる気や自信が湧いてくる言葉の処方箋

57 「自分が作り、自分から生じ、自分から起こった執着が、愚かな自分を打ち砕く。まるで、金剛石が宝石を打ち砕くように」(D161)

58 「つとめ励むのは不死の境地であり、怠りなまけるのは死の境地だ。つとめ励む人々は健康であり、怠りなまける人々は病人のごとくである」(D021)

59 「怠りなまけている人々の中にあっても、ひとりつとめ励みなさい。眠っている人々の中にあっても、ひとりよく目醒めていなさい。思慮ある人は、速く走る馬が足ののろい馬を抜いて駆けるようなものである」(D029)

60 「およそ苦しみが生ずるのは、すべて思考作用によって起こるのである。思考作用が消滅するならば、もはや苦しみは生起しない」(S734)

「苦しみは思考作用によって起こるのであると、このわざわいを知って思考作用を静めたならば、人は欲を貪ることなく安らぎに帰しているのである」(S735)

61 「私には子がある。私には財があると思って愚かなものは悩む。しかし、すでに自分の心身が自分のものではない。まして、どうして子が自分のものであろうか。どうして財が自分のものであろうか」(D062)

62 「以前に経験した楽しみ、苦しみをたち、また、学習した快さと憂いをなげうって、清らかで平らで静かな心で、サイの角のようにただひとり歩め」(S067)

第IX章 心が強くなる言葉の処方箋

63 「アタマは遠くに行き、ひとり動き、形体なく、胸の奥の洞窟に潜んでいる。このアタマを制する人は死の怖れすらからも逃れるであろう」(D037)

64 「たとえば、王様がせっかく征服した国でもポイと捨て去るように、堂々とまるでサイの角のようにひとりで歩みなさい」(S046)

65 「貪ることなく、詐ることなく、渇望することなく、見栄を張ることなく、濁りと、迷妄を取り除き、全世界を見渡して、妄執のないものとなって、サイの角のようにただひとり歩め」(S056)

「林の中で、餌づけもされず、しばられてもいないシカが食物を求めて欲するところへ自由におもむくように、聡明な人は独立自由を目指して、サイの角のようにただひとり歩め」(S039)

66 「仲間の中にいれば、休むにも、立つにも、行くにも、旅するにも、常に声をかけられる。他人に従属しないためにも放っておきなさい。そして、サイの角のようにただひとり歩め」(S041)

「肩がしっかり発育して蓮華の花のように見事な巨大なゾウは、その群れを離れて、欲するがままに森の中を遊歩する。そのように、サイの角のようにただひとり歩め」(S053)

67
「足でヘビの頭を踏まないように注意するのと同様に、よく気をつけてもろもろの強欲を回避する人は、この世でこの苦悩を乗り越える」(S768)

68
「愛欲に駆り立てられた人々は、罠にかかったウサギのようにばたばたする。束縛の絆にしばられ、妄執にしばられ、永い間繰り返し苦悩を受ける」(D342)

「愛欲に駆り立てられた人々は、罠にかかったウサギのようにばたばたする。それゆえに自己の離欲をはかって、その愛欲を除き去れ」(D343)

69
「もしも手に傷がないならば、その人は手で毒を取り去ることもできる。なぜなら、傷のない人に毒は及ばない。このように、悪をなさない人には、悪の及ぶことがない」(D124)

70
「真実でないものを真実であると思い、真実であるものを真実でないと思う人は、あやまった思いにとらわれて、常に迷い苦しむ。真実であるものを、真実であると思い、真実でないものを真実でないと思う人は、正しい思いに従って、ついに悟りに達する」(D011〜012)

71
「善をなすのを急げ。悪から心を退けよ。善をなすのにのろのろしたら、心は悪事を楽しむから」(D116)

第X章　本当の幸せが手に入る言葉の処方箋

72
「たとえためになることを数多く語ったとしても、それを実践しないならば、まったく前に進めない。まるで、牛飼いが他人の牛ばかりを数えているようなものだ。実践しなければとても修行者とは言えない」(D019)

73
「ひとつ岩の塊が風に揺るがないように、賢者は非難と賞讃とに動じない」(D081)

74
「つまらぬ快楽を捨てることによって、広大なる楽しみを見ることができるのである。心ある人は広大な楽しみを望んで、つまらぬ快楽を捨てよ」(D290)

75
「人は欲望によっては決して満足することはできない。明らかな知恵をもって満足することだ。明らかな知恵で満足した人を、愛執が支配することはない」（U02-14）

76
「たとえ貨幣の雨を降らすとも、欲望が満足されることは決してない」（D186）

77
「その報いは私にはこないと思って、善を軽んずるな。水が1滴ずつしたたり落ちるならば、水瓶でも満たされる。水滴を少しずつでも集めるように善を積むならば、やがて福徳に満たされる」（D122）

78
「人生において、健康は最高の報償。満足は最上の宝。親愛は最良の喜び。そして、ニルヴァーナは極上の楽しみだ」（D204）

79
「水道を造る人は水をまっすぐに導き、矢を作る人は矢を矯め、大工は木材を矯める。このように自分を導き整える者は賢者である」（D080）

80
「欲望を叶えたいと望み貪欲が生じた人が、もしもうまくいくならば、彼は実に人間の欲するものを得て、心に喜ぶ」（S766）

「欲望を叶えたいと望み貪欲の生じた人は、やがて欲望を果たすことができなくなり、彼は矢に射られたように悩み苦しむ」（S767）

「一切の事物は自分の物でもなければ、自分の思うようにもならない。そのように明らかな知恵をもって見るときに、人は苦しみから遠ざかり離れることができる。これこそ人が清らかになる道である」（U12-08）

青春文庫

心《こころ》がどんどん明《あか》るくなる！
お釈迦《しゃか》さまの言葉《ことば》

2015年 1月20日　第1刷

著　者　宝《ほう》彩《さい》有《あり》菜《な》
発行者　小澤源太郎
責任編集　株式会社プライム涌光
発行所　株式会社青春出版社

〒162-0056　東京都新宿区若松町 12-1
電話 03-3203-2850（編集部）
03-3207-1916（営業部）
振替番号　00190-7-98602

印刷／共同印刷
製本／フォーネット社
ISBN 978-4-413-09613-3